Kraft der Seele

Inhalt

Vorwort 7

1. Was ist das sechste Chakra? Wo ist der Sitz der Seele? Wie nutzen wir den «Ort der Kraft» im Menschen? 9

2. Wie können wir Liebe, Einheit und Frieden auf der Erde verwirklichen? 31

3. Vermischte Fragen, vom ersten Besuch in Ungarn und anderswo. 47

4. Warum meditieren wir? 60

5. Ist Spiritualität eine nachprüfbare Erfahrung? 76

6. Was haben Wissenschaft und Mystik gemeinsam? Was ist die innere Wahrheit aller Religionen? 87

7. Was können wir selbst für unsere Zukunft im neuen Jahrtausend tun? Meditationsanleitung 98

8. Gibt es innere Welten? Kann man schon vor dem physischen Tode in diese Welten reisen? 112

9. Was ist die Praxis der Seelenentwicklung? 122

10. Wer bin ich? Was ist die Seele? Was ist der wahre Sinn des Lebens? 132

Anhang 143
Worterklärungen 144
Zum Autor 152
Literaturhinweise 154

Anmerkungen zur deutschen Ausgabe

Die in größerer Schrift gedruckten Texte zu Anfang jeden Kapitels bzw. die in Klammern gesetzten Textabschnitte sind redaktionelle Erläuterungen zum Anlaß und Zustandekommen der jeweiligen Gespräche und Ansprachen bzw. im 2. Kapitel kurze, entsprechend gekennzeichnete Zitate vom Autor zum selben Thema.

Die Zwischenüberschriften in den Auszügen von Ansprachen von Rajinder Singh sind nicht vom ihm selbst, sondern von der Redaktion zur besseren Übersichtlichkeit eingefügt worden. Dasselbe gilt für die lebenden Kolumnentitel und die Marginalien.

Die Worterklärungen am Schluß des Buches sind redaktionelle Ergänzungen und stammen nicht vom Autor.

Vorwort

Selten genug haben wir die Möglichkeit, in unserem hektischen Alltagsleben die Muße zu finden, uns mit Grundfragen des Lebens auseinanderzusetzen. Meist mühen wir uns, den Lebensunterhalt für uns und unsere Familie zu erarbeiten, wir hetzen hierhin und dorthin, um Beruf und Schule, Partnerschaft und Kinder, Auto und Urlaub irgendwie «zu schaffen».

Wann haben wir aber echte freie Zeit? Wann nehmen wir uns Zeit? Und wenn überhaupt, wofür nehmen wir uns diese Zeit? Für uns selbst? Für etwas, was über den Tellerrand des Tages hinausreicht? Um so schöner, daß Sie sich die Zeit genommen haben, sich mit diesem Buch hinzusetzen und «Nahrung für die Seele» aufzunehmen.

Das Leben ist mehr als die Befriedigung körperlicher Bedürfnisse und die Erfüllung mancher emotionaler Wünsche und mentaler Ideen. Wir alle wissen, und manche von uns haben es durch bittere Erfahrungen erkennen müssen: Ohne eine bewußte Beschäftigung mit der spirituellen Dimension unseres Lebens bleibt unser Leben leer.

Wir haben uns bisher physisch, emotional und mental entwickelt. Aber erst, wenn wir uns auch der spirituellen Entwicklung widmen, erst, wenn wir erleben, daß wir mehr als Körper, Gemüt und Verstand sind, fängt das Abenteuer Leben überhaupt an, spannend zu werden und wirklich Sinn zu machen. Dann werden wir entdecken, daß wir Seele, Bewußtsein, Geist und göttlicher Funke *sind*.

In allen Bereichen des weltlichen Lebens haben wir von Lehrern etwas gelernt – Englisch oder Mathematik, Musik oder Malerei, Buchhaltung oder Tischlerei. Genau das gleiche gilt für den Bereich der Spiritualität, für Lebenshilfe, Sinnorientierung und Meditation.

In diesem Buch geht der Lehrer Sant Rajinder Singh auf wesentliche Fragen des menschlichen Lebens ein. Vor dem Hintergrund einer umfassenden eigenen spirituellen Ausbildung bei gleichzeitiger intensiver weltlicher Arbeit und höchster persönlicher mystischer Erfahrungen teilt er mit uns einen Schatz an Wissen und Weisheit.

Voller herzlicher Anteilnahme und gleichzeitig klarer Sicht, im Mitgefühl für alle Lebewesen und in dienender Hilfsbereitschaft fordert er uns auf, das ewig strahlende göttliche Licht in uns selbst zu entdecken, uns als Seele zu erkennen und ein Leben erfüllt von Liebe und Erleuchtung zu führen.

Selten hat ein Meister auf so fundierte und dabei persönliche Weise Grundfragen der menschlichen Existenz, aber auch Alltagsprobleme aus einer spirituellen Sicht beantwortet. Dieses Buch ist deshalb allen Menschen ans Herz gelegt, die nach einem heilenden Balsam für die Wunden des Lebens, nach bleibenden Antworten für den Verstand und nach praktischen Hilfen für die strebende Seele suchen.

Wulfing von Rohr, im Sommer 1997

1

Was ist das 6. Chakra?

Wo ist der Sitz der Seele?

Wie nutzen wir den «Ort der Kraft» im Menschen?

Ein Gespräch anläßlich der PSI-Tage Basel 1990:
Die Basler PSI-Tage 1990 standen unter dem Motto «Orte der Kraft – Kräfte des Lebens». Zu diesem Thema gab Rajinder Singh umfassende Antworten im Rahmen eines Video-Interviews.

Was ist das 6. Chakra?

Frage:
Rajinder Singh, wenn wir über Orte der Kraft sprechen, denken wir natürlich an die Pyramiden, an den Himalaja oder den Ganges – aber wir könnten auch an die Familie denken, an Heilige oder an die Gegenwart Heiliger. Sie hatten das Glück, in einer Familie von Heiligen zu leben. Was für eine Art von Kraftort war das, unter Heiligen zu sein?

Antwort:

Gegenwart heiliger Menschen

Wissen Sie, wann immer wir eine Gelegenheit haben, in der Gegenwart heiliger Menschen zu sein, gibt es so viel Freude, so viel Frieden, so viel Segen, die sie ausstrahlen, daß wir davon ganz ergriffen werden. Wir selbst werden wie trunken durch ihre göttliche Gnade, durch ihre göttliche Liebe, die sie uns schenken. Die Kraft, die sie ausstrahlen, zieht aber nicht unseren physischen Körper an, sondern unsere Seele hin zu Gott. Sie bewirkt, daß wir uns überlegen, wie wir ein besserer Mensch werden und wie wir uns um andere kümmern können. Und sie bewirkt, daß wir unsere Aufmerksamkeit vom Alltagsleben zurückziehen und uns darauf konzentrieren, wie wir uns selbst und Gott erkennen können.

Wenn wir mit jemandem, der sich selbst verwirklicht hat, zusammen sind, mit einem Heiligen, einem Mystiker, Seher oder Propheten, wenn wir ihm zuhören, in seiner Gegenwart sind und erkennen, wie er sein Alltagsleben führt, gibt er uns selbst ein Vorbild und wir lernen an seinem Beispiel. Die Kraft, die er ausstrahlt, zieht uns zu ihm hin. Wenn er unsere Aufmerksamkeit nicht auf sich, sondern auf Gott lenkt, dann wird diese Kraft zu einer Energie, die uns hilft, uns zu reinigen und zu einem besseren menschlichen Wesen zu werden.

Sant Kirpal Singh

Ich hatte das große Glück, in eine Familie hineingeboren zu werden, in der mein Großvater, Sant Kirpal Singh, ein großer Heiliger war. Er hatte sich selbst verwirklicht und verwandte sein ganzes Leben darauf, Menschen überall in der Welt zu helfen.

Seine Mission bestand darin, die Menschen wissen zu lassen, daß wir in Wirklichkeit nicht nur Körper sind, sondern Seelen, die den Körper bewohnen. Es war für alle von uns ein Vorbild, zu sehen, wie er nicht nur Menschen aller Religionen versammelte, sondern 1974 sogar noch einen Schritt darüber hinaus ging. Er begründete die Konferenz zur Einheit der Menschen, in der es als verbindendes, grundlegendes Element darum ging, daß wir alle menschliche Wesen sind. Ob nun ein menschliches Wesen an eine bestimmte Religion glaubt oder nicht – es ist und bleibt ein menschliches Wesen. Das ist die Basis von uns allen.

Unser großer Meister Sant Kirpal Singh betonte immer, daß es für uns, wenn wir erst einmal vollkommene menschliche Wesen geworden sind, nicht mehr schwierig sei, Gott zu erfahren. Er betonte immer, daß wir bessere Menschen werden sollten. Wir sollten ein tugendhaftes Verhalten entwickeln. Wir sollten versuchen, Dinge zu tun, die andere nicht verletzen. Wir sollten versuchen, anderen zu helfen. Wir sollten versuchen, selbstlosen Dienst zu leisten. Wir sollten in unseren Herzen rein werden, und unsere Gedanken sollten besser werden. Unser Hauptlebensziel sollte sein, ein besserer Mensch zu werden.

In derselben Weise setzte mein verehrter Vater, Sant Darshan Singh, die Mission fort. Sant Kirpal Singh bat ihn, seine Lehren weiterhin darzulegen, und Sant Darshan Singh lehrte, daß wir nicht nur menschlicher werden sollten, sondern auch sehr liebevoll. Er legte sehr viel Wert darauf, daß wir drei Seiten entwickeln, und sagte immer, daß wir uns nicht nur physisch und mental entwickeln müssen, sondern auch spirituell. Sant Darshan Singh

Wenn die spirituelle Seite entwickelt ist, dann erhebt die göttliche Kraft unsere Seele und führt uns zur Vereinigung mit Gott. So müssen wir also alle Aspekte des Lebens entwickeln. Er betonte, daß wir in allen Lebensbereichen Hervorragendes leisten sollten. Er machte sich sogar daran, die verschiedenen Arten der Mystik, an die die Menschen glauben, zu analysieren.

In früheren Zeiten meinten die Menschen im Westen, daß die Mystik im Osten ein Prozeß der Verneinung sei. Sant Darshan Singh klärte dieses Mißverständnis auf. Er sagte uns, daß der Pfad, den er lehrte, der Pfad, der uns zu besseren Menschen macht, kein Pfad der Verneinung sei. Er hielt es nicht für rich- Kein Pfad der Verneinung tig, der Verantwortung gegenüber unserer Familie aus dem Weg zu gehen. Und er hielt es auch nicht für richtig, Heim, Herd und Beruf aufzugeben und sich ans Ufer eines Flusses oder auf die Spitze eines Berges zu setzen.

Er glaubte daran, daß wir als Menschen Verantwortung haben, uns selbst, unserer Familie, der Gesellschaft, in der wir leben, unserem Land und auch der ganzen Welt gegenüber und daß wir alle diese Verantwortung nach bestem Wissen und Gewissen übernehmen sollten.

Positive Mystik

Er prägte ein neues Wort, «positive Mystik», im Unterschied zu einer negativen, verneinenden Mystik. Allen, die ihn besuchten, riet er – zum Beispiel jungen Menschen, die aus dem Westen zu ihm kamen –, nach Hause zurückzukehren, zu studieren, bessere Menschen zu werden, so daß sie zu einer Kraft würden, die der Gesellschaft hilft.

Er betrachtete jedes menschliche Wesen als eine potentielle Kraft, die helfen könnte, die Gesellschaft so zu verändern, daß es sich in ihr besser leben läßt. Er betonte immer, daß wir uns auf allen Ebenen entwickeln sollten.

Inversion statt Konversion

Wenn die Menschen ihn fragten, ob er andere zu einem neuen Glauben bekehren wollte, sagte er immer, daß er nichts von Konversion halte. Er glaubte an die «Inversion», an das Sich-nach-innen-Wenden. Er sagte uns immer, daß wir in der Religion bleiben sollten, in die wir hineingeboren worden sind, und daß wir unsere Religion nach bestem Vermögen leben sollten, ihren Grundsätzen treu bleiben sollten.

Aber um uns selbst und Gott zu erkennen, sollten wir uns einige Zeit nach innen wenden und erkennen, was wir im Innern tun können, nämlich uns mit dem Licht und dem Ton Gottes zu verbinden und so zu Gott zu gelangen.

Es gibt Kräfte, die große Energie besitzen. Es gibt die magnetische Kraft der Liebe, die von den Heiligen ausstrahlt, von den Sehern und Mystikern, da ihr Herz in Wirklichkeit voller Liebe ist.

Sant Darshan Singh sagte einmal: «Je mehr Liebe du gibst, desto mehr Liebe entwickelst du in dir selbst.» Vielleicht ist

Liebe die einzige «Ware», von der wir wissen, daß sie sich vermehrt, wenn man sie herschenkt. In allen anderen Bereichen unseres Lebens ist es so, daß unsere Schatzkammern geplündert werden, wenn wir etwas weggeben. Aber je mehr Liebe wir anderen, mit denen wir in Kontakt kommen, schenken, desto mehr werden unsere Herzen von Liebe erfüllt. Und dann verströmen wir selbst diese Liebe, diese Liebe für Gott.

Liebe, die von Liebe zu Gott erfüllt ist, und Liebe für den Nächsten, für alle Menschen, ist eine Kraft, die andere Menschen zur Spiritualität anzieht. Sie ist eine Kraft, die anderen hilft, ein besserer Mensch zu werden. Wenn wir beginnen, uns gegenseitig zu helfen, wenn wir in unseren Herzen Liebe für den Menschen und jede andere Schöpfungsform hegen, dann wird dieser Planet, auf dem wir leben, zum Paradies.

<small>Liebe als besondere Kraft</small>

Frage:
Welche Erfahrung haben Sie mit Orten der Kraft in Indien? Wie hilft es uns, sich an einem solchen Ort der Kraft aufzuhalten? Wie wichtig ist es, dorthin zu gehen?

Antwort:
Sehen Sie, überall in der Welt gab es Heilige und Propheten, die an verschiedenen Orten und zu verschiedenen Zeiten lebten. Die Orte, wo diese verwirklichten Seelen lebten, wo sie geboren wurden, wo sie ihre Erleuchtung hatten und wo sie ihr Leben verbrachten, werden alle als heilige Orte betrachtet.

Es gibt zum Beispiel den Ort, an dem Buddha seine Erleuchtung unter dem Bodhi-Baum hatte. Der «Goldene Tempel» in Amritsar wird von den Sikhs als ein sehr heiliger Ort ihrer Religion angesehen. In Indien haben wir Hardwar, Varanasi, Rishikesh, wo eine Vielzahl heiliger Menschen lebte.

<small>Heilige Orte</small>

Wenn wir an solche Orte kommen, bewirken sie, daß wir an Gott denken. Diese Orte schaffen eine günstige Atmosphäre, über Gott und über uns selbst nachzudenken, weil dort erleuchtete Seelen, Heilige und Propheten gelebt haben. Die Kraft an diesen Orten liegt also darin, daß der Durchschnittsmensch davon an-

Was ist das 6. Chakra?

gezogen wird, damit er über Gott und sich selbst, über seine Seele nachdenken kann.

Gott ist überall

Aber um wirklich Gott erfahren zu können, müssen wir nicht an irgendeinen besonderen Ort gehen. Wenn Sie die Biographie des heiligen Franziskus von Assisi lesen, werden Sie auf eine Reihe von Hinweisen stoßen, daß dieser ganze Planet, auf den wir Menschen gekommen sind, ein Planet der Pilgerreise ist.

Es ist die Gnade Gottes, daß wir eine menschliche Geburt erhalten haben, daß wir in diese physische Welt gekommen sind. Und wenn wir uns überlegen, daß dieser ganze Planet von Gott geschaffen wurde und daß wir, wo wir auch sein mögen, unsere Aufmerksamkeit auf Gott ausrichten können, dann werden wir erkennen, daß die Kraft dieser Orte, an denen die erleuchteten Seelen weilten, dieselbe Kraft ist, die wir in unserem Innern finden können.

Frage:
Welche Art innerer Kraftorte gibt es, und welche Art innerer Kräfte gibt es jenseits von Gemüt und Materie?

Antwort:

Sechs Chakras

Es gibt sechs Chakras im Körper. Das erste wird «gudha-chakra» genannt und befindet sich nahe dem Rektum (auch als Wurzel-Chakra bekannt). Das zweite heißt «indri-chakra», nahe bei den Keimdrüsen (auch als Sakral-Chakra bekannt). Das dritte wird «nabhi-chakra» genannt (auch Nabel- oder Solar-Plexus-Chakra). Das vierte heißt «hriday-chakra», in der Brustmitte (auch Herz-Chakra). Das fünfte nennt man «kanth-chakra», es liegt nahe beim Hals (auch Kehlkopf-Chakra). Das sechste heißt «ajna-chakra», hinter der Stirn (auch Augen- bzw. Stirn-Chakra). Die ersten fünf erwähnten Chakras sind physische Kraftzentren im Körper. Das sechste Chakra ist das Zentrum, an dem der Sitz der Seele ist.

Der Sitz der Seele

Frage:
Wo befindet sich dies?

Die Funktion der Chakras

Antwort:
Der Sitz der Seele, das sechste Chakra oder Ajna-Chakra, liegt zwischen und hinter den beiden Augenbrauen. Es ist keine unserer physischen Drüsen. Lassen Sie mich dies ein bißchen näher erklären.

Unsere fünf unteren Chakras üben unterschiedliche Funktionen im Körper aus. Das Wurzel-Chakra ist verantwortlich für die körperlichen Vorgänge, die uns reinigen. Das Sexual-Chakra ist zuständig für die Zeugung, die die Schöpfung ins Sein bringt. Das Nabel-Chakra ist die Kraft, die das Leben erhält. Es erhält unser Leben in dieser Welt. Das Herz-Chakra ist verantwortlich für die Kontrolle über den Todesvorgang; es reguliert den Alterungsprozeß und die Auflösung alter Zellen, so daß neue nachwachsen können.

Fünf Körper-Chakras

Das Kehlkopf-Chakra ist jenes, das die umfassende Kontrollkraft ausübt über die drei darunterliegenden Chakras – die Chakras für die Erzeugung der Spezies, für die Erhaltung unseres Lebens und für unsere Zerstörung, unseren Tod.

Wir alle in dieser Welt wissen, daß wir eine bestimmte Lebenszeit haben. Jeder von uns wird sterben. Wir alle haben in dieser Welt nur eine bestimmte Zeitspanne zur Verfügung. Manche mögen vierzig Jahre leben, andere sechzig Jahre, wieder andere vielleicht hundert Jahre. Aber irgendwann wird unsere Lebenszeit auf dieser Erde beendet sein.

Diese fünf unteren Chakras wirken also alle auf Vorgänge in unserem Körper. Sie lenken bestimmte Lebensvorgänge. Sie sind also Kraftzentren im Körper. Daneben haben wir noch das sechste Chakra, das auch Ajna-Chakra heißt. Es wird das «Dritte Auge» genannt, das «Einzel-Auge», «Daswan Dwar», «Shiv Netra» oder «Divya Chakshu». Es ist in allen Religionen bekannt und hat in allen Sprachen einen bestimmten Namen. Es ist der Sitz der Seele. Genauso, wie wir unsere physische Welt kennen, gibt es in unserem Innern Ebenen, die zur gleichen Zeit existieren.

Das dritte Auge

Frage:
Ebenen? Meinen Sie Dimensionen, innere Sphären?

15

Antwort:
Ja, es gibt innere Sphären, innere Reiche. Es gibt Dimensionen, die gleichzeitig, simultan mit unserer physischen Welt und Zeit existieren. Jeder von uns, überall in der Welt, hat sich schon einmal dafür interessiert, wie diese Welt erschaffen wurde. Das ist eine ganz allgemeine Frage. Wann immer man beginnt, über sich selbst nachzudenken, fragt man sich, was am Anfang war.

Was war am Anfang?

Wissenschaftler haben überall in der Welt Experimente zu dieser Frage durchgeführt. Eine neuere Theorie, die «Urknall-Theorie», besagt, daß die Welt mit einem großen Knall begann. Wir haben Apparate entwickelt, die uns helfen, festzustellen, was wenige Sekunden nach dem Urknall geschah. Aber wir sind immer noch nicht in der Lage, herauszufinden, was sich vor dem Urknall ereignete.

Mehr und mehr Wissenschaftler wenden sich der Mystik zu, um Antworten auf diese Fragen zu finden. Und mehr und mehr Mystiker versuchen, unsere Schöpfung mit wissenschaftlichen Begriffen zu beschreiben, damit der Laie und der Durchschnittsbürger mehr verstehen kann.

Die meisten der östlichen Mystiker, so auch die Lehrer der «Wissenschaft der Spiritualität» oder von «Sant Mat» glauben und haben uns gesagt, daß diese Welt von Gott erschaffen wurde.

Gott war allein und wollte in seiner eigenen Weisheit aus einem viele werden. Von dieser Weisheit ging eine Schwingung aus. Und diese Schwingung resultierte in zwei ursprünglichen Manifestationen Gottes.

Licht und Ton Gottes

Die eine ist das Licht Gottes und die andere die Harmonie aller Harmonien oder die Musik der Sphären. Deshalb sind die Lehrer von Sant Mat der Ansicht, daß wir in jedem Ort der Anbetung, sei es ein Tempel, eine Synagoge, eine Gurdwara oder eine Moschee, Hinweise auf Licht und Ton finden. Wir sehen, daß in den meisten Gebetshäusern Kerzen brennen. In manchen indischen Tempeln finden wir z.B. «thiyas», brennende Öllampen; mancherorts auch Kirchenglocken, kleine und große Glocken, und manchmal hören wir, daß Trommeln geschlagen werden.

Diese Symbole erinnern uns also daran, daß wir versuchen sollen, das Licht Gottes im Innern zu sehen und uns auf die Melodie aller Melodien einzustellen. In vielen Schriften wird auf diese Melodie als die «ungespielte Melodie» hingewiesen. In den Sikh-Schriften wird sie als *Shabd, Naam* oder *Anhat-Shabd* bezeichnet, als Melodie, die nicht von menschlichen Fingern gespielt wird. Es ist eine Melodie, die sich selbst spielt. In den Hinduschriften heißt diese Kraft *Jyoti, Shruti, Udgit, Nad*. In den islamischen Schriften spricht man von *Kalma* oder *Kalam*, bei den Sufis heißt es *Bang-i-Asmani* oder *Saut-i-Sarmadi*. In den Schriften von Zoroaster nennt man diese Kraft *Sraosha*, in den buddhistischen Schriften ist die Rede vom *tönenden Licht*, in der Bibel vom *Wort*: «Im Anfang war das Wort, und das Wort war bei Gott, und das Wort war Gott.» (Joh.1.1)

Im Anfang war das WORT

Frage:
Viele Menschen im Westen sagen, daß es ein siebtes Chakra gibt, das Lotos-Chakra oben im Kopf. Welchen Platz nimmt das in Ihrer Erklärung ein?

Antwort:
Falls es ein siebtes Chakra gäbe, könnte man das auf das Gehirn beziehen, auf die Denkfähigkeit des Menschen. In den ursprünglichen indischen Philosophien geht man jedoch davon aus, daß es nur sechs Chakras gibt und daß der Sitz der Seele das höchste Chakra ist und der Ort, von dem aus die Seele den Körper verläßt. Man glaubt also nicht an ein siebtes Chakra oder ein Lotos-Chakra im Gehirn.

Gibt es ein 7. Chakra?

Frage:
Der tausendblättrige Lotos ist nicht indisch?

Antwort:
Doch, aber das ist kein Chakra. Es ist ein innerer Ort, und dieser liegt nicht im Gehirn. Wenn wir Licht dort erfahren, wo wir den «tausendblättrigen Lotos» vermuten, so handelt es sich um eine Reflexion aus einer inneren Ebene – aber es ist kein Chakra, das eine Funktion hat wie die anderen.

Seele und Bewußtsein

Wir leben jetzt in der physischen Welt. In dieser Welt gibt es Materie und nur sehr, sehr wenig Bewußtsein. Der Anteil an Bewußtsein wird in dieser Welt Seele genannt. Es ist die Seele, die den Körper bewohnt.

Wenn wir uns nun auf das sechste Chakra konzentrieren, den Sitz der Seele im menschlichen Körper, können wir inneres Licht und innere Musik erfahren. Dieser Strom des göttlichen Lichts und Tons hilft unserer Seele, sich über das Körperbewußtsein zu erheben und in die inneren Ebenen einzutreten. Es gibt viele innere Regionen in uns:

Die inneren Ebenen

- Die physische Ebene, die man als die erste Ebene bezeichnen kann. Es ist diejenige Ebene, in der wir alle leben. Sie hat nur sehr wenig Bewußtsein, und dieses Bewußtsein ist die Seele in unserem Körper.
- Die zweite Ebene wird Astralebene genannt. In ihr herrscht immer noch die Materie vor, und es gibt nur wenig Bewußtsein, aber doch bereits mehr als auf der physischen Ebene.
- Die nächste Ebene ist die Kausalebene. Dort gibt es bereits gleiche Anteile von Bewußtsein und Materie.
- Auf der vierten Ebene, die man die suprakausale Ebene nennt, gibt es noch mehr Bewußtsein und nur noch wenig Materie.
- Und auf der fünften Ebene, Sach Khand oder die rein geistige, spirituelle Ebene, gibt es reines Bewußtsein und Allbewußtheit. Dies ist ein Reich, eine Dimension, in der es keinerlei Verunreinigung durch Materie gibt, es gibt dort keine Art von Materie mehr.

Es gibt noch Unterteilungen dieser fünften Ebene, die Mystiker erforscht und beschrieben haben, aber im weiteren Sinne ist die fünfte Ebene jene, in der wir die Vereinigung mit Gott erleben können.

Der Weg zur Gotterkenntnis

Licht und Ton, die von Gott ausgingen, kamen aus der rein spirituellen Region durch all diese Ebenen bis herab in die physische Ebene. In den Lehren von Sant Mat heißt es, daß der Weg zur Gotterkenntnis darin besteht, uns mit dem göttlichen Strom von Licht und Klang zu verbinden, durch diese inneren Ebenen zurückzugehen und so unsere ewige Heimat, die fünfte Ebene, Sach Khand, zu erreichen.

Frage:
Das heißt also, daß es in Wirklichkeit nur sechs Chakras oder Kraftzentren gibt. Das sechste Kraftzentrum ist dabei das wichtigste. Von ihm tritt die Seele zur Zeit des Todes aus. Aber es ist auch dasjenige Kraftzentrum, von dem aus die Seele noch während unseres Lebens ihre Reise zurück durch die inneren, transzendentalen Dimensionen antreten kann.

Nur
6 Chakras

Antwort:
Ja, das stimmt.

Frage:
Der «tausendblättrige Lotos» ist also eine Art Lichterfahrung?

Antwort:
Der tausendblättrige Lotos ist ein Ort in einer der Ebenen auf dem Weg zurück. Der Name bezieht sich auf einen Ort in der Astralebene, der auch *Sahansdal Kanwal* genannt wird. Manche Menschen haben das mit einem Chakra im Körper verwechselt.

Ein Ort
in der
Astralebene

Frage:
Sie erklären Dinge wissenschaftlich, so daß man sehen kann, daß es nicht um Glauben geht. Was ist Ihr Hintergrund, und wie würden Sie in wissenschaftlichen Begriffen diese «Inversion» beschreiben, die Durchquerung dieser inneren Dimensionen und die Art der Hilfe, die man dabei brauchen kann?

Antwort:
Wie Sie wissen, habe ich ein Diplom als Elektronik-Ingenieur erworben und eine zwanzigjährige Karriere hinter mir in den Bereichen Computertechnik, Kommunikationstechnik und in all den Bereichen, die sich auf Elektronik beziehen. Ich habe die letzten elf Jahre meiner zwanzigjährigen Laufbahn im Bereich

Elektronik an einem der größten und besten Forschungsinstitute der ganzen Welt verbracht. Meine Grundlagen sind also Kommunikation und Computer, und das hat mir geholfen, den wissenschaftlichen Aspekt der Meditation darzulegen.

Meditation ist Konzentration

Sie werden wissen, daß Meditation eine Form von Konzentration ist. In den letzten Jahren waren die Wissenschaftler an der Frage, was mit dem menschlichen Körper zum Zeitpunkt des Todes geschieht, wirklich sehr interessiert. Wir kennen zum Beispiel die sogenannten Nah-Tod-Erlebnisse, die einige gehabt haben und über die viele verschiedene Ärzte und Wissenschaftler geforscht und veröffentlicht haben. Wenn Sie darüber Schriften lesen, wie zum Beispiel das Buch *Leben nach dem Tod* von Dr. Raymond Moody, werden Sie Beispiele über Beispiele von Menschen finden, die bereits als klinisch tot erklärt worden waren.

Nah-Tod-Erfahrungen

Alle diese Menschen hatten ähnliche Erfahrungen. Im allgemeinen berichteten Menschen, die als klinisch tot erklärt worden waren und wieder zurück ins Leben kamen, daß sie durch eine Art von schwarzem Tunnel gegangen sind. Auf der anderen Seite dieses Tunnels fanden sie entweder ein Lichtwesen oder waren von einem überwältigenden Licht umgeben. Ihre Gefühle waren Seligkeit, Freude, Frieden und Gelassenheit. Und sie alle wollten diese Umgebung und diese Gefühle nicht wieder verlassen, um in unsere Welt zurückzukehren. Sie wurden durch die Liebe von und zu ihrer Familie zurückgezogen. Das sind nur einige der gemeinsamen Erfahrungen, von denen praktisch jeder erzählte, der klinisch tot war und ins Leben zurückkam.

Wenn wir nun meditieren, erleben wir durch die Verbindung mit dem heiligen Licht Gottes ebenfalls Freude und Ekstase. So werden jetzt manche der Lehren unserer Meister, Lehrer der Wissenschaft der Spiritualität, die diese uns im Laufe der Jahre weitergegeben haben, durch die Wissenschaft als richtig bestätigt.

Frage:
Wenn man nach innen geht – Sie sprechen über Licht oder ein Lichtwesen –, ist dies dann der Himmel oder ist dies das Para-

dies? Sie sprechen über verschiedene Dimensionen – aber was ist, wenn wir nach innen gehen, oder wenn wir spontane Erfahrungen innen haben, oder wenn wir meditieren? Wie wissen wir, wo wir sind; wie wissen wir, wie es innen weitergeht, damit wir uns dort nicht verirren?

Antwort:
Sehen Sie, Sie können nicht einfach allein experimentieren und dann dabei gute Resultate erwarten. Es ist genauso wie in unserem Alltagsleben: Wenn wir in Physik ein Experte werden wollen, in Chemie, Biologie oder in einer der Künste, dann gehen wir in eine Schule, an die Hochschule, zu einem Professor, der für dieses Fach kompetent ist. Wenn wir in unserem Alltagsleben Sport erlernen wollen, gehen wir zu einem anderen Lehrer.

Ähnlich ist es, wenn wir etwas darüber lernen wollen, wie man nach innen geht. Dann brauchen wir die Anleitung eines spirituellen Adepten, der sich selbst sehr gut auf den inneren Wegen auskennt. Die inneren Reiche sind nämlich sehr viel komplizierter als unser Leben auf dieser körperlichen Ebene. Wenn wir dort irgend etwas alleine praktizieren, dann könnten wir uns verirren und Probleme bekommen, in höhere Ebenen aufzusteigen.

Führung durch die inneren Ebenen

In praktisch allen heiligen Schriften gibt es Hinweise auf die Seele, die den Körper verläßt, zum Beispiel auf die Silberschnur, die am Lebensende durchgetrennt wird. Diese Silberschnur ist die Verbindung zwischen der Seele und dem Körper.

Die Silberschnur

Wenn wir eine Methode kennen, bei der beim Verlassen des Körpers die Silberschnur unversehrt bleibt, kann die Seele den Körper verlassen und in andere Dimensionen gehen, ganz nach eigenem Willen, hin und zurück.

Wenn dann der tatsächliche Körpertod kommt, bedeutet das für uns nichts Neues, weil wir glauben, daß die Seele, die den Körper bewohnt, diesen zur Zeit des Todes verläßt.

Solange wir also dieses Leben haben, praktizieren wir eine Form von Meditation, durch die wir in die inneren Reiche eintreten können, durch die wir das Licht Gottes sehen können.

Was ist das 6. Chakra?

Genauso aber, wie wir im Flugzeug einen Piloten brauchen oder ein Raumschiff, um in neue Räume vorzustoßen, brauchen wir auch einen spirituellen Lehrer, einen «Reiseleiter», der uns auf unseren inneren Reisen führt, auf unseren Reisen in Reiche und Dimensionen, die sich in uns befinden.

Frage:
Oft reisen Menschen an heilige Orte, zu den Pyramiden, nach Glastonbury, Stonehenge oder an andere Orte der Kraft, und sie versuchen, sich mit der Seele des Ortes oder mit den Geistführern dort zu verbinden. Andere suchen die Führung von Menschen, Meistern oder Heiligen, die dort vor vielleicht tausend oder zehntausend Jahren gelebt haben mögen. Auf welche Weise kann man da differenzieren? Ist ein solches Begehren, sich mit Geistwesen zu verbinden, eine Hilfe? Ist es ein spirituelles Risiko?

Antwort:

Lebender Lehrer

Im allgemeinen gilt, daß wir, wenn wir etwas lernen wollen, zu einem lebenden Lehrer gehen. Zweifellos können wir Kenntnisse aus Büchern gewinnen. Natürlich können wir Kenntnisse auch vom Hörensagen erhalten. Aber wenn ein Fachgebiet neu für uns ist, brauchen wir eine Person, die das Gebiet direkt erklärt. Wenn wir Physik studieren wollen, können wir das nicht nur durch ein Studium der Bücher. Wir brauchen einen Lehrer, der uns all die Fragen beantwortet, die wir nicht verstehen. Und wir müssen auch eigene, praktische Experimente durchführen, um selbst zu sehen und zu erleben, was passiert, wenn wir eine bestimmte Methode anwenden.

Meditation als Experiment

Eine ähnliche Hilfe brauchen wir in der Meditation über Licht und Ton, und wenn wir versuchen, in die inneren Bereiche zu gehen, die wir nicht kennen. Wir erhalten diese Hilfe durch die Anleitung eines lebenden Lehrers. Wir brauchen jemanden, der uns alles erklären und uns den Weg zeigen kann – die Experimente müssen wir allerdings selbst durchführen. Sehen Sie, diese Art der Meditation ist eine sehr wissenschaftliche Form. Wenn wir unsere Augen schließen, können wir das Licht Gottes im Inneren sehen. Aber wir brauchen die Bewußtheit einer erleuchteten Seele, einer verwirklichten Seele, eines vollkommenen Meisters, der unser inneres Auge und unser inneres Ohr öffnen kann, damit wir die Musik der Sphären hören und das göttliche Licht sehen können. Wir brauchen also definitiv die Hilfe eines Lehrers, um zuerst die Theorie zu verstehen und dann auch die praktischen Erfahrungen zu sammeln.

Frage:
Maharaj Ji, es gibt auch spirituelle Kraftorte in anderen Dimensionen, in anderen Sphären, in anderen Ebenen. Wie würden Sie diese einordnen, wie würden Sie sie erklären?

Antwort:
Jede innere Ebene ist durch ein bestimmtes Licht und einen bestimmten Klang gekennzeichnet. Das Licht und der Ton Gottes und der innere Strom von Licht und Ton, die wir wahrnehmen, sind dasselbe. Diese göttliche Schwingung, die von Gott ausströmt und herab auf die physische Ebene kommt, bleibt dieselbe, während sie alle fünf Ebenen passiert. Die Dichte dieser Ebenen ist jedoch unterschiedlich, wie ich schon erwähnte.

<small>Licht und Ton in den 5 Ebenen</small>

Sach Khand, die fünfte Ebene, ist eine Ebene der Allbewußtheit; die suprakausale Ebene, die vierte, besteht hauptsächlich aus Bewußtsein und nur wenig Materie; die dritte, die Kausalebene, hat gleichviel Bewußtsein wie Materie; die zweite Ebene, die Astralebene, besteht hauptsächlich aus Materie und nur wenig Bewußtsein; und die erste, die physische Ebene, ist fast nur Materie mit sehr wenig Bewußtsein, nämlich der Seele.

<small>Materie und Bewußtsein</small>

Da die Zusammensetzung also von unterschiedlicher Dichte ist, erscheint uns der Licht- und Tonstrom Gottes unterschiedlich, wenn er durch diese Ebenen hindurchfließt. Auf der ersten Ebene sehen wir das Licht von Kerzen; auf der zweiten das Licht der rot aufgehenden Sonne. Auf der dritten Ebene sehen wir ein Licht, das von einem Mond zu kommen scheint. Auf der vierten Ebene sehen wir das Licht einer Mittagssonne. Und die fünfte Ebene ist eine Ebene, die voller Licht ist. Das Licht, das wir auf dieser Ebene sehen, ist sehr viel heller. Es ist wie das Licht von Hunderttausenden von Sonnen und Monden.

<small>100.000 Sonnen</small>

Was ist das 6. Chakra?

Und ähnlich unterschiedlich ist auch der Klang, den wir auf den einzelnen Ebenen hören. Wenn wir einen Stock nehmen und damit in die Luft schlagen, erzeugen wir einen bestimmten Klang. Wenn wir statt dessen auf ein Stück Holz schlagen, gibt es einen anderen Ton. Und wenn wir auf Eisen schlagen, gibt es wieder einen anderen Ton.

Frage:
Sie erwähnten verschiedene Töne. Welche sind das?

Antwort:

Der innere Ton

Wenn man nach innen geht, hören wir auf der ersten Ebene Glocken und Muschelhorn. Wenn wir die zweite Ebene erreichen, hören wir Donner und Trommeln. Auf der dritten hören wir den Klang von Violinen, auf der vierten den der Flöte. Auf der fünften Ebene hören wir den Klang des Dudelsacks. Der Tonstrom Gottes ist immer derselbe, da er aber durch Regionen unterschiedlicher Dichte geht, klingt er jeweils anders.

Frage:
Ist das eigentlich grundsätzlich dasselbe, was in der griechischen Kultur die «Musik der Sphären» genannt wurde?

Antwort:

Die Musik der Sphären

Die Musik der Sphären, auf die man mit dem inneren Ohr lauschen kann und die uns nach innen bzw. oben in die höheren spirituellen Regionen hinaufzieht, wurde von griechischen Philosophen erwähnt, von Aristoteles, Plato und Sokrates sowie von Pythagoras – und das war dasselbe. All diese großen Philosophen waren also eigentlich auch Mystiker, die innere Erfahrungen hatten, eine Verbindung mit dem göttlichen Licht und Tonstrom. Wenn wir Einzelheiten ihrer Biographien betrachten, finden wir Hinweise auf die Musik der Sphären und das Licht Gottes.

Wenn wir also in die inneren Reiche gehen, und dann zum Beispiel Glocken klingen hören, dann wissen wir, daß wir auf der ersten Ebene sind. Wenn wir uns am Augenbrennpunkt konzentrieren, müssen wir zunächst unsere sensorischen Ströme von der Außenwelt zurückziehen und sie am Sitz der Seele sammeln.

Wie Sie vielleicht wissen, gibt es zwei verschiedene Ströme in unserem Körper. Der eine ist der Prana- oder motorische Strom, der andere ist der Surat- oder sensorische Strom.

Der motorische Strom im Körper hält unser tägliches Leben in Gang. Unser Verdauungssystem funktioniert zum Beispiel von selbst, ebenso unser Blutkreislauf, unsere Atmung. Und die Nägel und Haare wachsen von alleine, wir müssen nichts dazu tun.

Der motorische Strom

In einigen Yogaformen wird gesagt, daß man die Aufmerksamkeit auf eines der Chakras oder auf alle fünf richten soll. Die Lehrer von Sant Mat betonen, daß wir keine Zeit verschwenden sollten, indem wir uns auf solche Chakras konzentrieren, da die Seele den Körper ohnehin vom sechsten Chakra aus, dem Augenzentrum oder Sitz der Seele, verlassen muß.

Deshalb haben uns die Lehrer von Sant Mat gebeten, uns nicht mit den motorischen Strömen zu befassen, sondern die Kräfte, die unser Leben in dieser Welt in Gang erhalten, in Ruhe zu lassen. Gott hat uns dieses Leben gegeben, und wir wollen es nicht aufs Spiel setzen und auch nichts daran ändern.

Aber wir haben neun Tore in unserem Körper, aus denen unsere Aufmerksamkeit in die Welt austritt. Es sind die beiden Augen, zwei Nasenlöcher, ein Mund, zwei Ohren und die beiden unteren Öffnungen, durch die unsere Aufmerksamkeit nach außen in die Welt geht.

Neun Körpertore

Unsere Seele, die im Körper wohnt, wurde von materiellen Hüllen zugedeckt und hat ihr wahres Selbst vergessen. Anstatt, daß die Seele das Gemüt kontrolliert, ist es genau umgekehrt...

Frage:
Das Gemüt kontrolliert jetzt die Seele...

Antwort:
Ja, unser Gemüt zwingt unsere Sinne, aus dem Körper zu gehen, und unsere Seele wird mit ihnen aus dem Körper gezogen. Wenn

wir unsere Aufmerksamkeit so ausrichten können, daß wir zum Sitz der Seele gelangen, dann werden wir in der Lage sein, in die inneren Bereiche zu gehen.

Der Sterbevorgang

Wissenschaftlich betrachtet sieht es so aus: Wenn wir einen sterbenden Menschen sehen, stellen wir zuerst fest, daß dessen Füße taub werden. Dann sehen wir, daß die Fußgelenke wie taub werden, und danach wird der Rumpf leblos. Das geht dann höher bis zum Herzen, das auch taub wird. Dann schließen sich die Augen, und die Seele verläßt den Körper.

Und wir sehen, daß sich die Augen nach oben wenden, wenn die Seele den Körper vom sechsten Chakra aus, dem Sitz der Seele, verläßt. Das ist also der Vorgang des Sterbens, den wir bei jedem Sterbenden beobachten können.

Der sensorische Strom

Und das ist auch derselbe Vorgang, den wir bei der Meditation erleben. Wenn wir unsere sensorischen Ströme von der äußeren Welt in den Körper zurückziehen, werden wir zuerst feststellen, daß die Füße taub werden. Dann beobachten wir, daß die Schenkel taub werden, und schließlich werden wir sehen, wie die sensorischen Ströme zum Sitz der Seele zurückgezogen werden, von wo aus wir in die inneren Reiche gelangen.

Frage:
Es ist für viele Menschen aus dem Westen interessant, vielleicht auch für Menschen aus dem Osten, etwas über jene Ebene zu erfahren, auf der die sogenannten Akasha-Berichte aufgezeichnet sind. Meine Frage lautet: Gibt es eine solche innere Ebene tatsächlich, auf der unser Karma, unser ganzes Leben, aufgezeichnet ist. Und kann man dahin gelangen, oder kann man durch diese Ebene auch hindurchgehen und darüber hinaus?

Antwort:

Frühere Leben

Wenn wir einmal zur Kausalebene kommen, können wir alle Aufzeichnungen unserer vergangenen Leben sehen. Wenn wir uns nach innen wenden – und wir haben tatsächlich die Möglichkeit, nach innen zu gehen –, dann können wir unsere verschiedenen Leben betrachten. Das läuft dann vor uns ab, so wie man Informationen aus einem Computer mit einem Suchsystem auf den Bildschirm holen kann.

Frage:
Manche Menschen versuchen durch Reinkarnationsprozesse, Hypnose oder durch geführte Phantasien ihre vergangenen Leben und ihr Karma zu sehen. Ist man mit diesen Prozessen wirklich in der Lage, mit der wahren inneren spirituellen Ebene in Berührung zu kommen, oder handelt es sich dabei mehr um bloße Vorstellungen?

Antwort:
Die meisten solcher Rückführungstechniken laufen auf niederen Ebenen ab. Es gibt verschiedene Kräfte, die *Vrittis* und *Siddhis* genannt werden, und noch andere Aktivitäten. Wenn man solche Techniken ausführt, kann man bis zu einem gewissen Maß nach innen kommen.

Niedere Ebenen

Aber die meisten Techniken, wie zum Beispiel die Hypnose, sind auf einem sehr niedrigen spirituellen Niveau. Sie bringen uns nicht nach innen, in jene Bereiche, über die ich gesprochen habe. Dorthin kann man nur gelangen, wenn man mit dem Licht- und Tonstrom Gottes verbunden ist, wenn man eine Form von Yoga praktiziert, die uns mit dem Licht- und Tonstrom Gottes verbindet.

Zugang zu höheren Ebenen

Frage:
Stimmt es, daß die besonderen Energien der Erde oder der Umwelt für die Meditation störend sein können, so wie wir wissen, daß sie es für die körperliche Gesundheit sein können?

Antwort:
Unsere Meditationen sind besser, wenn wir zuerst den Körper und dann das Gemüt zur Ruhe bringen können. Wenn wir in einer Umgebung sind, wo unsere Aufmerksamkeit von Störungen abgelenkt wird, dann werden wir nicht in der Lage sein, ruhig zu sitzen und unsere Meditation in der rechten Weise durchzuführen. Wir werden dann die gewünschten Ergebnisse nicht erreichen.

Meditation und Ruhe

Wir müssen uns schulen, so zu meditieren, daß uns solche Störungen nicht beeinträchtigen. Wenn wir einmal erreicht haben, daß wir uns bei der Meditation so konzentrieren können, daß es uns nichts mehr ausmacht, wenn jemand vor uns die Trommel schlägt, dann spielt es auch keine Rolle mehr, was sonst noch um uns herum ist. Wenn wir das einmal erreicht haben, ist es egal, wo wir sitzen und meditieren.

Gemüt und Seele

Am Anfang aber ist es schwierig, das zu erreichen. Denn, sehen Sie, wenn wir unsere Augen schließen, wird uns unser Gemüt Gedanken senden, weil es nicht will, daß wir meditieren. Unser Gemüt will nicht, daß sich unsere Seele selbst erkennt. Die einzige Absicht des Gemüts ist, ein subtiles Netz zu weben, in dem sich unsere Seele verfängt, so daß sie sich im Alltagsleben engagiert. Sie wird dann durch die Sinne aus unserem Körper in die Welt hinausgezogen. Wir müssen also das Gemüt beruhigen, und unsere Lehrer haben uns auch eine Methode gezeigt, wie wir das tun können. Wenn wir einmal einen Zustand erreichen, in dem wir das Gemüt beruhigen können und in dem die äußeren Störungen uns nichts mehr anhaben, dann können wir ohne jede Probleme in die inneren Reiche eintreten. Aber es dauert seine Zeit, bis man dahin kommt.

Meditation hilft der Umwelt

Ganz allgemein gilt: Wenn wir unsere spirituellen Übungen ausführen, wenn wir meditieren, dann helfen wir damit bereits der Umwelt. Denn wenn wir uns auf Gott ausrichten, werden wir zu liebevolleren Menschen, und das wird von uns auf andere, mit denen wir in Kontakt kommen, ausstrahlen. Und die Umwelt, in der wir leben, wird dadurch besser und besser.

Wenn wir also unseren spirituellen Meditationen nachkommen, dann wird das der Gesellschaft, in der wir leben, nützen und helfen.

Frage:
Glauben Sie, daß diese positiven Energien auch dem ganzen Planeten helfen können, ökologisch oder energetisch und nicht nur der Gesellschaft, sondern auch der äußeren Natur?

Antwort:
Für mich bedeutet Ökologie, daß wir, solange wir die Gesellschaft belasten und die Umwelt verschmutzen, uns in Wirklichkeit nicht um den anderen kümmern. Wenn wir uns um unseren Nachbarn kümmern würden, um unsere Familie, so würden wir die Luft nicht verschmutzen und würden nichts tun, was anderen Menschen das Leben schwer macht.

Das ganze Problem der Ökologie kann gelöst werden, wenn wir als menschliche Wesen beginnen zu erkennen, daß in jeder Schöpfungsform, die auf dieser irdischen Ebene existiert, auf dieser Erde, auf der wir leben, eine Seele wohnt.

In jeder Lebensform wohnt eine Seele

Wenn wir erkennen, daß die Seele, die in uns ist, aus derselben Quelle, der Überseele oder Gott kommt und daß sie dasselbe ist wie die in Ihnen oder in einer dritten oder vierten Person oder in einem Tier oder einem Planeten, dann würden wir versuchen, das Licht Gottes in allen Formen der Schöpfung zu sehen.

Und wenn wir dies erst einmal gesehen haben, dann möchten wir von uns aus liebevoll zu den Menschen sein und uns gerne um sie kümmern.

Wissen Sie, was Liebe bedeutet? Liebe bedeutet, sich um jemanden wirklich zu kümmern. Liebe ist nicht nur eine körperliche Anziehung. Die wahre göttliche Liebe, jemanden wirklich zu lieben, bedeutet, sich um den Menschen zu kümmern. Und sich um jemanden zu kümmern heißt, ihm das Leben nicht schwer machen zu wollen. Und wenn wir alle in dieser Welt beginnen, jedermann als unseren Bruder oder unsere Schwester anzusehen, als vom selben Wesen Gottes, wie wir selbst es auch sind, dann glaube ich, würden wir nur Dinge tun, die andere nicht schädigen.

Was Liebe bedeutet

Wir würden versuchen, ein Leben zu führen, bei dem wir nicht die Umwelt verschmutzen, in der andere Menschen leben müssen. Wenn wir mit dem Licht- und Tonstrom Gottes verbunden werden, erkennen wir, daß wir vom selben Wesen wie Gott sind, und beginnen, an die Bruderschaft der Menschen und die Vaterschaft Gottes zu glauben.

Was ist das 6. Chakra?

Und wenn wir das einmal erreicht haben, dann spiegelt sich das auch in unserem Leben wider und hilft der Gesellschaft und dem Land, in dem wir leben.

Frage:
Was ist der wichtigste Ort der Kraft, auf der Erde oder im Menschen? Was ist die wichtigste Kraft für unser menschliches Leben hier auf diesem Planeten?

Antwort:

<small>Der Ort der Kraft</small>

Das wichtigste Kraftzentrum in der Welt ist der Sitz der Seele, der Augenbrennpunkt, das dritte Auge, das Einzelauge, da unsere Seele nur von diesem Zentrum aus in die inneren Bereiche gelangen kann. Nur von diesem Zentrum aus können wir Gott erkennen, können wir mit dem göttlichen Strom von Licht und Ton in Verbindung kommen.

Ich möchte vorschlagen, daß wir auch Liebe entwickeln für andere Formen der Schöpfung, die unsere Erde bewohnen. Denn dann werden wir sehen, daß die Kraft der Liebe auch andere Wesen umfassen kann.

<small>Die Kraft der Liebe</small>

Und dadurch wird die Liebe so strömen, daß jede Form der Schöpfung sich um die anderen kümmert und daß sich alle gegenseitig lieben. Diese Kraft der Liebe wird uns alle zusammenführen und diesen Planeten in ein Paradies verwandeln.

2

Wie können wir Liebe, Einheit und Frieden auf der Erde verwirklichen?

7. Weltreligionskonferenz in Delhi 1994:

Unter der Leitung von Rajinder Singh trafen Oberhäupter und Vertreter der Weltreligionen und viele Tausende von Besuchern zusammen, um sich näher zu kommen und voneinander zu lernen.

Nach einem Friedensmarsch mit 100.000 Teilnehmern aus aller Welt, nach Tagungen und Begegnungen, fand am 6. Februar die Abschlußkonferenz statt – gleichzeitig mit der Feier zum 100. Geburtstag von Sant Kirpal Singh. Zahlreiche geistliche Würdenträger nahmen daran teil, so auch der Dalai Lama, das geistliche Oberhaupt der tibetischen Buddhisten, der Sufi Pir Vilayat Khan und der Generaldelegat für den interreligiösen Austausch des Franziskanerordens, Padre Maximilian Mizzi.

Sant Kirpal Singh war der Begründer des Austausches zwischen den Religionen im Rahmen mehrtägiger persönlicher Treffen von religiösen Führern und geistig interessierten Menschen, die als «Konferenz der Weltreligionen» bekannt geworden sind.

Es ging um Fragen wie:

- Was können die Religionen zum Frieden beitragen?
- Wie läßt sich die Einheit der Menschen verwirklichen?
- Auf welche Weise kann der einzelne spirituelle Erfahrungen gewinnen?

Zur Einleitung der Zusammenkünfte richtete Sant Rajinder Singh eine kurze Grußadresse an zehntausende Menschen, die sich versammelt hatten:

«Über diesen 100. Geburtstag von Sant Kirpal Singh hat Sant Darshan Singh oft gesprochen. Er hat die weitreichende Bedeutung dieses goldenen Tags mit seinen Feierlichkeiten für die Menschen in aller Welt in einem seiner Verse beschrieben:
Möge die Gnade Gottes gewähren, daß wir weiterhin vom himmlischen Nektar trinken, den uns Sant Kirpal Singh schenkt.
Möge dies zum Tag werden, den alle Menschen dieser Erde, ob sie nun Hindus, Christen, Sikhs, Juden, Muslime, Buddhisten oder Jains sind, als Tag der Einheit der Menschen feiern, als Geburtstag von Sant Kirpal Singh, als die Ankunft des göttlichen Lichts und Tons, mit dem wir alle uns verbinden müssen.

Photo: M. & C. Schramm
7. Konferenz der Weltgemeinschaft der Religionen, Washington DC/USA,
4.-9.2.1997. Rajinder Singh bei einer Buchsignierung.

Photo: M. & C. Schramm

7. Konferenz der Weltgemeinschaft der Religionen, Washington DC/USA, 4.-9.2.1997. Rajinder Singh hält einen Vortrag im Borders Books & Music.

Photo: Howard Linton

Friedensmarsch für die Einheit der Menschen durch Alt-Delhi. Delhi/Indien, Sept. 1996.

Wenn wir das Leben von Sant Kirpal Singh betrachten, stellen wir fest, daß er in diese Welt kam, um uns Hoffnung zu geben:

Hoffnung, daß die Welt kein Katastrophengebiet sein muß,
Hoffnung, daß dies kein zufälliges Leben ist,
Hoffnung, daß es Sinn im Leben gibt,
Hoffnung, daß es Gott gibt,
Hoffnung, daß es wirklich besser werden wird!

Wenn wir nach besonderen Qualitäten in Sant Kirpal Singhs Leben suchen, finden wir: Spiritualität – ethische Lebensführung – selbstloses Dienen, Liebe für die ganze Menschheit – Arbeit für die Einheit der Menschen – Einsatz für den Frieden, den wir alle in uns selbst entwickeln müssen.

Sein einziger spiritueller Lebenszweck bestand darin, Menschen aus der ganzen Welt, Menschen aller Religionen, dabei zu helfen, wahre Menschen zu werden.

Er sagte oft, daß es schwierig ist, zu einem wahren Menschen zu werden. Wenn man aber einmal zu einem wahren Menschen im wirklichen Sinne geworden ist, dann ist es nicht mehr schwer, Gott zu finden.«

Soweit die Einleitung von Rajinder Singh bei diesem Anlaß; in einem Interview führte er dann einige Gedanken zur Verbindung des Lebens in der Welt mit der persönlichen spirituellen Entfaltung weiter aus.

Wie können wir Liebe, Einheit und Frieden auf der Erde verwirklichen?

Frage:
Wir sind am Ende der 7. Weltreligionskonferenz und am Ende der Feierlichkeiten zum 100. Geburtstag von Sant Kirpal Singh. Was wollte Sant Kirpal Singh mit den interreligiösen Begegnungen erreichen?

Antwort:

<small>Die interreligiöse Bewegung</small>

Sant Kirpal Singh hat den Großteil seines Lebens dafür eingesetzt, Menschen aller Glaubensrichtungen und Religionen zusammenzubringen. In seiner Lebenszeit hielt er vier Weltreligionskonferenzen mit Führern verschiedener Religionen ab, damit diese sich begegnen konnten.

Das fing in den 50er Jahren an und erstreckte sich bis in die 70er Jahre, zu einer Zeit, als die Oberhäupter der unterschiedlichen Glaubensrichtungen noch nicht miteinander im Gespräch waren.

Wenn wir die interreligiöse Bewegung jetzt ansehen, können wir ihm danken, weil sich aufgrund seiner Bemühungen viele, viele Führer aus dem Hinduglauben, dem Sikhismus, dem Christentum, dem Islam, dem Jainismus, dem Buddhismus, dem Judentum und vielen anderen Religionen trafen, miteinander sprachen und sich besser verstehen lernten.

Wenn wir Menschen uns nicht verstehen, dann ist das wie eine Wand, und es ergeben sich Meinungsverschiedenheiten. Wenn wir jedoch die Zeit aufbringen, anderen Menschen zuzuhören, entwickelt sich Verständnis.

Frage:

<small>Was ist spirituelle Erfahrung?</small>

Der Sufi Pir Vilayat Khan hat erwähnt, daß sich nicht nur religiöse Führer treffen sollten, sondern auch Menschen mit spirituellen Erfahrungen. Was ist «spirituelle Erfahrung», und wie erlangen wir sie?

Antwort:
Sehen Sie, spirituelle Erfahrung ist eine Erfahrung unseres Selbst. Wir Menschen sind ein Teil Gottes, was uns Leben verleiht ist unsere Seele, der Geist hinter dem Körper.

Wie erlangt man spirituelle Erfahrung?

Wenn ein Mensch stirbt, sehen wir, daß der Körper noch genauso aussieht wie zu der Zeit, als der Mensch gelebt hat. Aber der Mensch kann jetzt weder sprechen noch gehen, sehen oder hören: Die Kraft hinter dem Körper hat den Körper endgültig verlassen.

Spiritualität beschäftigt sich nun damit, unser wahres Selbst, unsere Seele zu erfahren. Diese Erfahrung erlangen wir, wenn wir nach innen gehen – ob wir das nun Innenschau nennen, Konzentration, Meditation oder Gebet.

Das wahre Selbst

Während wir tief in uns selbst hineingehen, haben wir Erfahrungen, die jenseits unserer physischen Welt sind. Denn es gibt sehr viele ätherische Regionen innen, und unsere Seele kann sie erleben.

Frage:
Aber wie macht man das?

Antwort:
Die einfachste Methode, die wir kennen, ist die Meditation mit dem Licht und Ton Gottes, die man auch Surat Shabd Yoga nennt.

Surat Shabd Yoga

Surat heißt Aufmerksamkeit, Shabd bedeutet Heiliges Wort und Yoga heißt Vereinigung. Surat Shabd Yoga bezeichnet also die Vereinigung unserer Seele mit dem heiligen Wort.

Wenn wir diese Erfahrung machen wollen, müssen wir zunächst unseren Körper zur Ruhe bringen. Danach müssen wir unser Gemüt zur Ruhe bringen. Der Vorgang ist sehr einfach. Man setzt sich einfach hin, auf einem Sofa, auf einem Stuhl, auf dem Boden und beginnt, seine Sinnesströme zurückzuziehen.

Eine einfache Meditationsmethode

Wir alle haben fünf Sinne, den Gesichtssinn, den Hörsinn, den Geruchssinn, den Geschmackssinn und den Tastsinn. Diese Sinne ziehen unsere Aufmerksamkeit, welche der äußere Ausdruck unserer Seele ist, in die äußere Welt.

Solange nun unsere Aufmerksamkeit auf die äußere Welt gerichtet ist, können wir nur das erfahren, was in der Welt ist. Und das tun wir ja auch: Mit unseren Augen schauen wir das an, was uns angenehm ist, wir verbringen unsere Zeit damit, Töne und Geräusche zu hören, die uns interessieren – unsere Aufmerksamkeit geht hinaus in die Welt. Solange sich unsere Aufmerksamkeit in der Welt befindet, werden wir auch weltliche Erfahrungen machen.

Weltliche Aufmerksamkeit

Wenn wir nun spirituelle Erfahrungen erwerben möchten, müssen wir unsere Aufmerksamkeit von der Welt zurückziehen. Wir richten sie dann auf einen Punkt im Körper, den man den Sitz der Seele oder das «Einzelauge» oder «dritte Auge» nennt. Das befindet sich zwischen und hinter den Augenbrauen ungefähr hier. Man nennt diesen Punkt auch «das zehnte Tor», und es hat noch viele weitere Namen in den verschiedenen Schriften.

Das 10. Tor

Um an diesen Punkt zu gelangen, um unsere Sinne zurückziehen zu können, suchen wir zunächst einen ruhigen Platz auf, so daß unser Gehörsinn zur Ruhe kommt; wir sitzen allein, ohne jemand anderen zu berühren, so daß der Tastsinn ebenfalls nicht aktiv ist; im allgemeinen verändern sich die Gerüche um uns herum nicht, so daß der Geruchssinn nicht arbeitet; wir werden dabei nichts essen, so daß auch der Geschmackssinn zurückgezogen wird, und wenn wir dann unsere Augen sanft schließen, ziehen wir den Gesichtssinn zurück.

Wenn wir also einen ruhigen Platz aufsuchen, uns still hinsetzen und die Augen schließen, können wir auf einfache Weise die fünf Sinne zurückziehen. Sobald wir aber die Augen schließen, wird unser Gemüt, das ebenfalls im Körper ist, alle möglichen Gedanken schicken, und dann müssen wir unser Gemüt zur Ruhe bringen.

Das Gemüt beruhigen

Um das Gemüt zu stillen, verwenden wir die Eigenschaft des Gemüts, die darin besteht, immer irgend etwas zu tun. Wenn Sie sich nur ein oder zwei Sekunden still hinsetzen, werden Sie alle möglichen Gedanken haben – das Gemüt ist schneller als alles andere, was wir kennen.

Jetzt ist es vielleicht hier in Delhi, im nächsten Moment in New York und einen Augenblick später schon auf dem Mond. Um das Gemüt also zu beruhigen, geben wir ihm etwas zu tun.

Da es um eine spirituelle Erfahrung geht, was eine Erfahrung unseres wahren Selbst und Gottes bedeutet, richten wir unser Gemüt auf Gott aus – und das geht, indem man das Gemüt bestimmte Namen Gottes wiederholen läßt, und zwar still, ohne zu sprechen, nur in Gedanken – denn eine hörbare Wiederholung würde unseren Gehörsinn ablenken.

Namen Gottes wiederholen

Während das Gemüt die Namen Gottes wiederholt, hat es etwas zu tun und schickt uns keine Gedanken. So haben wir zunächst unseren Körper zur Ruhe gebracht und halten nun unser Gemüt beschäftigt, indem es sich auf die Wiederholung der Namen Gottes ausrichtet.

Wenn wir dann unsere Augen schließen, sehen wir vor uns, wie auf einem Bildschirm, bestimmte Lichter, die anscheinend auftauchen und wieder verschwinden mögen, und wir fangen an, mehr und mehr die innere Schau zu entwickeln, und beginnen, uns in unserer ätherischen Form zu erfahren.

Innere Lichterfahrungen

Wenn wir uns also hier konzentrieren und die Sinnesströme zurückziehen, erheben wir uns nach und nach über das rein körperliche Bewußtsein und gelangen in Regionen, die ätherischer und spiritueller Natur sind... Und diese spirituelle Erfahrung können wir alle sehr einfach erlangen, ungeachtet unserer Religion, unseres Heimatlandes oder unserer sozialen Stellung im Leben.

Frage:
Der Dalai Lama sprach von Mitgefühl und Verantwortung. Das erscheint für uns im Westen manchmal wie ein Widerspruch zur Spiritualität. Sie machten jedoch bei Gesprächen im kolumbianischen Ministerium für Erziehung und Bildung andere Erfahrungen.

Spiritualität und soziale Verantwortung

Antwort:
Ich durfte dort wundervolle Erfahrungen machen. Ich war zwei Mal in Kolumbien, 1990 und 1992. Als ich 1990 dort war, hatte ich die Gelegenheit, mit dem damaligen Präsidenten Barco zusammenzutreffen und über Frieden in der Welt zu sprechen.

Wie können wir Liebe, Einheit und Frieden auf der Erde verwirklichen?

Frieden finden

Ich wies daraufhin, daß es sehr schwierig sei, Frieden in der Welt zu schaffen, wenn wir nicht zunächst in uns selbst Frieden finden. Weiter sagte ich, daß jedermann in der Welt Frieden finden könne, so die Aussagen der großen Religionen, Heiligen und Mystiker, die zu allen Zeiten und an allen Orten auftraten.

Wenn wir die Lehren dieser großen Heiligen und Mystiker studieren, sprechen sie alle darüber, daß wir nach innen gehen und Frieden in uns selbst finden und uns mit der göttlichen Kraft verbinden sollen, die in jedem einzelnen von uns lebt.

Manche unserer religiösen Schriften nennen diese göttliche Kraft das Heilige Wort, andere nennen es Naam oder Shabd, Jyoti oder Shruti, die großen griechischen Philosophen nannten es die Musik der Sphären. Sie alle sprechen vom göttlichen Licht und Ton, welche Teil von jedem einzelnen von uns sind.

Als wir uns in Kolumbien unterhielten, empfahl der Präsident, daß ich mit dem Erziehungsminister sprechen sollte. Wir trafen später auch mit dem ganzen Kabinett zusammen. Der Erziehungsminister fragte, wie man Spiritualität im praktischen Leben einführen könnte.

Spiritualität in der Schule

Mein Vorschlag lautete, daß im Schulplan täglich eine bestimmte Zeit, je nach Plan zwischen einer halben bis zu einer Stunde, dem Unterricht über ethische Werte gewidmet werden sollte sowie verschiedenen Methoden der Konzentration und der Innenschau.

Diese Techniken sollten überkonfessionell und leicht erlernbar sein, damit die Kinder, die jetzt heranwachsen, in 15 oder 20 Jahren als Erwachsene nicht nur in den Naturwissenschaften, in der Kunst und in Sprachen gut ausgebildet sind, sondern auch eine spirituelle Grundlage erworben haben, die ihnen hilft zu verstehen, wie man ein ethisches Leben führt. Und die darüber hinaus eigene spirituelle Erfahrungen gemacht haben, die etwas von der göttlichen Kraft im Inneren jedes Menschen erlebt haben – darauf werden sie dann ihr Leben aufbauen können.

Frage:
Man hat solche Programme sogar ganz unförmlich durchgeführt...

Antwort:
Ja, auch auf ganz informelle Weise – denn als Menschen begannen, die göttliche Kraft innen zu erleben, fanden sie Frieden. Wissen Sie, wenn wir unsere Augen schließen und an einem stillen Platz sitzen, können wir ziemlich rasch den Kontakt zur göttlichen Kraft in uns selbst erlangen. Wenn wir diese Verbindung aufnehmen, geraten wir in einen Zustand des Friedens, der Ruhe und der Gelassenheit, in einen Zustand der Seligkeit.

Dieser Zustand besteht jedoch nicht nur während dieser Zeit, sondern Ruhe, Frieden und Seligkeit bleiben bei uns für eine lange, lange Zeit.

Göttliche Kraft und Frieden

Wenn wir wieder zurück in unserer physischen Welt sind, wenn wir wieder unsere eigenen Aktivitäten aufnehmen, dann bleiben wir weiterhin in diesem Zustand.

Der Friede, den wir innen finden, transformiert uns von innen heraus. Wenn wir uns wandeln, werden wir zu Individuen, die ihre Familien wandeln. Und wenn unsere Familien transformiert werden, werden wir feststellen können, daß sich diese Transformation auch in unserer Gesellschaft widerspiegelt, das reicht bis in unsere Städte, die Länder und dann in die globale Ebene.

Wenn wir uns wandeln...

Frage:
Das scheint etwas sehr Praktisches zu sein, etwas sozial Verantwortliches.

Antwort:
Auf jeden Fall ist das sozial verantwortlich. In der Wissenschaft der Seele glauben wir an etwas, was man «positive Mystik» nennt.

Der große Meister Sant Darshan Singh Ji Maharaj, der diese Technik oder wissenschaftliche Methode der Innenschau lehrte, wies immer daraufhin, daß er nicht an «negative Mystik» glaube, sondern an «positive Mystik».

Positive Mystik

Wie können wir Liebe, Einheit und Frieden auf der Erde verwirklichen?

Verantwortung für die Welt

Gott hat uns in diese Welt gesandt, und da wir in diese Welt hineingeboren wurden, tragen wir Verantwortung, Verantwortung für unsere Partner, für unsere Eltern, Kinder, für unsere Gemeinschaften, unser Land und Verantwortung für die Erde als Ganzes.

Wir meinen, daß wir ganze, «homogene» Menschen werden sollten. Wir müssen uns körperlich, mental und spirituell entwickeln. Leider wird der spirituelle Teil unserer Entwicklung meist vernachlässigt. Wir legen mehr Wert auf die physische und mentale Entwicklung.

Ganzheitliche Entwicklung

Wir bemühen uns also darum, Menschen auf die spirituelle Seite ihres Seins hinzuweisen. Wenn wir uns spirituell entwickeln, wollen wir die körperliche und mentale Seite unserer Entwicklung nicht vernachlässigen, wir wollen unsere Verantwortlichkeiten nicht beiseite schieben.

Wir wollen zum besten Studenten werden, soweit wir können, wir möchten unseren Beruf bestmöglich ausüben, wir wollen uns bestmöglich körperlich, mental und spirituell entwickeln – denn wir meinen, daß, wenn man in der Gesellschaft lebt und all seine Verantwortung annimmt, man sich gleichzeitig auch für die spirituelle Entwicklung öffnen sollte.

10%

Den spirituellen Aspekt sollten wir ergänzend entwickeln, indem wir 10% unserer Zeit für unser spirituelles Wachstum einsetzen, also etwa zwei bis zweieinhalb Stunden von 24 Stunden des Tages – damit wir so zu ganzheitlichen, vollständigen menschlichen Wesen werden.

Frage:
Der Franziskaner-Padre Maximilian Mizzi sprach davon, daß der Mensch den freien Willen besitze, entweder Gutes oder Schlechtes zu tun. Andererseits gibt es das Konzept des Karmas, der Vorprägung des Gemüts durch frühere Eindrücke. Manchmal heißt es in den Lehren von Sant Mat, daß es 75% Karma gäbe und 25% freien Willen. Wie kann ich als normaler, sterblicher Mensch erkennen, was freier Wille und was Karma ist, ob es sich im Leben um Vorherbestimmung oder Zufall handelt?

Antwort:
Die spirituellen Lehrer von Sant Mat haben gelehrt, daß wir 25% freien Willen haben. Wenn wir körperlich krank werden und leiden, gehört das beispielsweise zu vorherbestimmten Umständen, die wir durchlaufen müssen. Wenn wir ein Geschäft beginnen und es plötzlich enorm wächst, oder wenn wir eine gute Arbeit haben und sie plötzlich verlieren – so sind manche dieser Dinge vorherbestimmt.

Aber wir als menschliche Wesen besitzen 25% freien Willen. Es geht um unsere Anstrengungen. Wir können uns darum bemühen, ein guter Mensch zu werden, uns in der rechten Weise spirituell zu entwickeln, wir können uns darum bemühen, unsere Familie zusammenzuhalten und unserer Gesellschaft und unserem Land zu helfen – das sind Anstrengungen, die wir leisten können.

25% freier Wille

Aber es gibt manche vorherbestimmten Leiden und Freuden, die wir durchlaufen, während wir durch unser Leben gehen.

Wissen Sie, die Theorie des Karmas ist eine sehr einfache Theorie. Da wir in einer Welt der Wissenschaft leben, würde ich sie mit dem ersten physikalischen Gesetz vergleichen, das sagt: «Jede Aktion ruft eine Reaktion hervor». Wenn Sie einen Ball nehmen und ihn an diese Wand werfen, prallt er zurück.

Aktion und Reaktion

Ähnlich ruft jeder Gedanke, jedes Wort und jede Handlung eine Reaktion hervor, und wir als Menschen, wir als Seele müssen dafür die Verantwortung übernehmen.

So werden gute Gedanken, gute Worte und gute Taten ihren Lohn finden, und für schlechte Gedanken, Worte und Taten müssen wir zahlen, indem wir dafür selbst wiederum leiden müssen...

Während unser Leben vorangeht, erdulden wir bestimmte Leiden und genießen bestimmte Freuden – aber wir Menschen sollten uns zuallererst darum bemühen, uns zu verbessern – ich spreche nicht nur von der materiellen Verbesserung, das können wir auch anstreben, aber wir sollten uns vor allem spirituell verbessern... Denn am Ende wird dieser physische Körper, für den wir soviel unternehmen, den wir fit und hübsch halten, für den wir einen guten Job ausüben, damit wir ein schönes Haus bewohnen und ein gutes Auto fahren können, am Tage unseres Todes zurückgelassen, und was mit uns geht, sind nicht dieser Körper, nicht unsere Reichtümer, sondern das, was wir mit diesem Leben angefangen haben, unsere Gedanken, Worte und Handlungen...

Reinkarnation

Die Lehrer von Sant Mat sprechen von Seelenwanderung, davon, daß unsere Seele von einem Körper zu einem anderen geht und daß es 8,4 Millionen Lebensformen gibt, durch die unsere Seele wandert.

Die Karmatheorie sagt, daß wir, je nach unseren Gedanken, Worten und Taten, in diesem Leben entweder «belohnt» oder «bestraft» werden und daß dementsprechend bestimmt wird, was mit uns geschieht, wenn dieses Leben vorbei ist.

Manche Schriften sagen uns, daß dieser menschliche Körper die Spitze der Entwicklung und die Krone der Schöpfung darstellt. Wenn wir also diesen menschlichen Körper erhalten, ist das unsere Chance, uns selbst und Gott wirklich zu erkennen – und diese goldene Gelegenheit sollten wir nicht verspielen...

Menschsein als Chance

Wenn wir die Lebensläufe der verschiedenen Heiligen und Mystiker studieren, stellen wir fest, daß sie alle irgendeine Art der Offenbarung Gottes in sich selbst erlangten. In unserem Zeitalter sollten wir ebenfalls die göttliche Kraft in uns erfahren können.

Wenn wir uns nun nach innen wenden, wenn wir uns mit dem Heiligen Wort oder dem Licht und dem Ton in uns verbinden, finden wir diese göttliche Kraft.

Selbsterkenntnis und Gotterfahrung

Das öffnet uns die Möglichkeit, wirklich zu erkennen, wer wir sind – und wenn wir uns selbst erkennen, folgt die Gotterfahrung ganz automatisch, denn wenn wir uns über das Körperbewußtsein erheben, erleben wir, wie unsere Seele die physische Ebene und dann die astrale Ebene durchquert, über die kausale in immer höhere ätherische Regionen vorstößt, die in uns sind und die es parallel zu unserer Körperebene gibt.

Es heißt in der Bhagavad Gita, daß schlechtes Karma wie eiserne Ketten wirkt, daß allerdings auch gutes Karma Fesseln darstellt, nämlich goldene Ketten. Ob es sich also um schlechtes oder gutes Karma handelt: Beides bindet uns an den Kreislauf von Leben und Tod, an den Zyklus der Seelenwanderung.

Kreislauf von Leben und Tod

Um aus diesem Kreislauf herauszukommen, haben uns die großen Heiligen und Mystiker auf das Heilige Wort, auf das Licht und den Ton Gottes hingewiesen. Wenn wir uns damit verbinden, werden wir auf demselben Weg, auf dem unsere Seele hier in die Welt herunter gekommen ist, wieder nach oben gehen und uns über das Körperbewußtsein erheben können.

Frage:
Ist es vorherbestimmt, daß man diese Verbindung mit dem inneren Licht und Ton erlangt, unterliegt es dem freien Willen oder wie ist das zu betrachten?

Antwort:
Ein spiritueller Lehrer, ein Meister, Heiliger oder Mystiker kann uns mit dem heiligen Licht und Ton verbinden. Wenn wir einmal verbunden sind und uns nicht um die Weiterentwicklung bemühen, dann wird der weitere spirituelle Fortschritt in diesem Leben verlangsamt.

Verbindung mit Licht und Ton

Wir müssen also zuerst die Verbindung mit Licht und Ton erhalten, und dann müssen wir einen Einsatz leisten, um auf der spirituellen Reise voranzukommen. Es ist, als ob wir in die Schule gehen: Der Lehrer macht seine Arbeit und unterrichtet, aber das Kind muß auch seinen Teil leisten, also im Unterricht anwesend sein und aufpassen sowie die Hausaufgaben machen.

Ähnlich geht es uns auf dem spirituellen Weg, wenn wir mit Licht und Ton in Berührung kommen und von der göttlichen Kraft in uns erfahren – es gibt Schritte, die wir dann machen müssen. Wir müssen uns einsetzen, der Spruch «Gott hilft denen, die sich selbst helfen» ist sehr wahr.

Wenn wir uns bemühen und einen Schritt in seine Richtung gehen, kommt Er (Gott) uns tausend Schritte entgegen. Die Saat, daß wir überhaupt den einen, den ersten Schritt machen können, wird manchmal von Gott in uns gelegt, aber unsere Bemühung trägt dazu bei. Beides geht also Hand in Hand.

Eigene Bemühung

Wie können wir Liebe, Einheit und Frieden auf der Erde verwirklichen?

Frage:
Kann jedermann kommen und diese Verbindung erlangen?

Antwort:

<small>Jeder kann kommen</small>

Ja, jedermann kann kommen, der einen ernsthaften Wunsch hat, Gott zu erkennen. Falls ich als Mensch eine echte Sehnsucht hege, Gott zu erfahren, dann wird Gott Wege und Mittel finden, mich zu Ihm zu führen. Die Sehnsucht muß aber da sein.

Sehen Sie, das ist die Geschichte der Liebe zwischen einem Liebenden und der Geliebten. Geht die Liebe vom Liebenden aus, oder fängt sie bei der Geliebten an? Im allgemeinen strömt die Liebe aus dem Herz der Geliebten, und dann ist die Liebe im Herzen des Liebenden eine Spiegelung dessen.

Im allgemeinen ist es Gottes Absicht, uns näher zu Ihm zu ziehen. Es gibt Millionen und Abermillionen von Seelen, und wir alle werden nach und nach zu Gott zurückkehren, Gott gibt uns einen Funken, aber dann hängt es von uns ab, wieviel Einsatz und Sehnsucht wir entwickeln, um zu Ihm zurückzugelangen.

<small>Sehnsucht</small>

Liebe geht also vom Herzen der Geliebten aus, und ähnlich geht auch in der Spiritualität die Anziehungskraft, daß wir mit Gott vereint sein möchten, zuerst von Gott aus. Aber unsere Anstrengung ist wirklich hilfreich, rasch auf dem Weg voranzukommen. Wenn wir an das Wort glauben, «Dein Wille geschehe», so heißt das nicht, daß man sich selbst nicht mehr bemüht. «Dein Wille geschehe» bedeutet, daß wir uns nicht über das beschweren, was immer uns geschieht.

<small>Dankbarkeit</small>

Statt dessen sollten wir Gott für alle Segnungen, die wir im Leben erhalten, dankbar sein. Denn Er weiß besser, was gut für uns ist, und unser Leben verläuft unter Seiner Führung.

Das heißt aber nicht, daß wir uns nur zurücklehnen, nichts tun und sagen, «Dein Wille geschehe», und Gott alles macht, was notwendig ist.

Wir Menschen müssen uns bemühen, wir müssen uns sehr anstrengen, spirituell zu wachsen und uns auch mental und physisch zu entwickeln, damit wir ausgeglichene und ganze Wesen werden, damit wir der Umwelt und der Gesellschaft helfen, in der wir leben.

Wir erleben, wenn wir in der Gegenwart eines Mystikers sind, der uns mit dem inneren Licht und Ton verbinden kann, daß wir damit einen Weg gefunden haben, der sehr umfassend ist, einen Weg, der sich in fast allen Religionen als Kern der Lehren finden läßt.

Mystiker von Licht und Ton

Im Bildungswesen gibt es bekanntlich viele verschiedene Schulen und Universitäten. Es gibt auch Unterschiede zwischen den Lehrern, manche unterrichten vielleicht Physik, andere Chemie und dritte Biologie.

Auch im Bereich der Selbstverwirklichung gibt es Unterschiede, jemand lehrt einen Weg, ein anderer einen anderen Weg. Einige lehren Siddhis und Ridhis, sogenannte Wunderkräfte, sie kommen von der ersten Ebene, der Astralebene. Die Lehrer, die man Avatare nennt, kommen, wie man sagt, von der dritten inneren Ebene. Die Meister, die das heilige Licht und den Ton Gottes lehren, kommen, wie es heißt, von der höchsten Ebene, der fünften.

Meister von der höchsten Ebene

Es gibt unterschiedliche innere Ebenen, und es geht darum, wie weit ein Meister selbst innen aufgestiegen ist und wie weit er Sie führen kann: Da gibt es verschiedene Wege, die auf unterschiedlichen Ebenen enden. Das ist die Unterscheidung, die wir treffen können.

Frage:
Ich möchte Sie bitten, uns Ihre Vision der Zukunft zu schildern.

Antwort:
Ich sehe ein spirituelles Erwachen in den Menschen überall auf unserem Globus. Wenn wir ins neue Jahrtausend gehen, wird es eine Welt geben, die liebevoller ist, eine Welt, die friedlicher ist,

Vision der Zukunft

in der Menschen überall sich gegenseitig mehr annehmen. Sehen Sie, wenn wir andere nicht annehmen, beginnen die Probleme zwischen uns.

Während wir jetzt in das neue Jahrtausend gehen, sehe ich überall dieses spirituelle Erwachen, Menschen kümmern sich um die Umwelt – denn wenn wir uns nicht um unsere Lebensgrundlagen sorgen, werden zukünftige Generationen es sehr schwer haben.

Auf dem ganzen Globus, in jedem Land, spielen Ökologie und ein natürliches Gleichgewicht eine wichtige Rolle.

Spirituelles Erwachen

Genauso sehe ich auch ein spirituelles Erwachen, wobei sich Menschen um die Ökologie der Seele bemühen. Auch unsere Seele muß gereinigt werden, denn sie ist seit vielen Äonen von Gott getrennt. Und während dieser Trennung hat sie viel Schmutz angesammelt, in Form von Gemüt, Materie und Illusion.

Während meiner vielen Reisen, ob in Europa, Australien, Amerika oder Asien, stelle ich ein spirituelles Erwachen fest. Menschen versuchen, sich mehr zu erkennen – es spielt dabei keine Rolle, daß sie sich unterschiedlicher Mittel bedienen, solange ihre Aufmerksamkeit auf Gott ausgerichtet ist, solange sie sich bemühen, ihr wahres Selbst zu finden. Ich sehe also das Heraufdämmern des Goldenen Zeitalters.

Goldenes Zeitalter

1974 sprach Sant Kirpal Singh Ji Maharaj, dessen Geburtstag wir hier feiern, vom Goldenen Zeitalter. Und ich kann das Heraufdämmern des Goldenen Zeitalters wirklich sehen, denn überall auf der Erde sehen wir Menschen, die sich für Spiritualität interessieren, die um Frieden bemüht sind. Sie sprechen nicht nur über Frieden, sondern bemühen sich, ihn zu verwirklichen. Ich blicke voller Erwartung auf das neue Jahrtausend als einer Zeit, in der das Paradies hier auf Erden sein wird.

3

Vermischte Fragen, vom ersten Besuch in Ungarn und anderswo

Rajinder Singh geht bei seinen Vortragsreisen auf fast unzählige Fragen zu verschiedenen Themen öffentlich ein. Hier eine Auswahl von Antworten bei seinem ersten Besuch in Ungarn vom 27. bis 31. Oktober 1994 sowie bei anderen Gelegenheiten.

Vermischte Fragen, vom ersten Besuch in Ungarn und anderswo

Frage:
Bei vielen Christen las ich, daß sie «die dunkle Nacht der Seele» und auch «die Schmerzen der Trennung von Gott» erlebten. Worin besteht der Unterschied zwischen den beiden Begriffen, und wie können wir die dunkle Nacht der Seele vermeiden?

Antwort:

Dunkle Nacht der Seele

Die dunkle Nacht der Seele wurde mit verschiedenen Begriffen erklärt. Eine Erklärung besagt: Die ganze Zeit, seit unsere Seele von Gott getrennt ist, war eine dunkle Nacht für unsere Seele. Da die Seele von Gott getrennt ist, sich nicht mehr an Ihn erinnert und von einem Körper zum anderen wandert, richtet sich unsere Aufmerksamkeit auf die Welt und ist von Gott abgewandt. Die ganze Zeit der Trennung von Gott ist für uns dunkel, weil wir vom Licht und von der Wirklichkeit entfernt sind. Und diese Trennung ist sehr schmerzvoll.

Trennungsschmerz

Sobald wir den menschlichen Körper haben, müssen wir unsere Aufmerksamkeit auf Gott richten. Wenn wir erkennen, daß wir von Gott getrennt sind, verstärkt sich der Schmerz in uns, weil wir nicht in der Lage sind, zu Gott zurückzukehren und mit Ihm eins zu werden. Was nun diese Zeit der Trennung betrifft, so kann sie nicht rückgängig gemacht werden.

Aber sobald wir eine menschliche Geburt erhalten, haben wir alle Möglichkeiten, um uns selbst zu erkennen. Wir haben diese Möglichkeiten nur im menschlichen Körper, daher sollten wir das nutzen.

Sobald wir mit der Gotteskraft, dem göttlichen Licht und Ton, in Verbindung kommen, erfahren wir einen Zustand der Glückseligkeit und Ekstase. ·

* * *

Frage:

Vegetarische Ernährung

Sie haben über die rechte Ernährung, über vegetarisches Essen gesprochen. Ich möchte gern mehr darüber wissen.

Antwort:
Nach den Lehren der Heiligen und Mystiker des Ostens braucht unsere Seele einen reinen Körper, um sich selbst erkennen zu

können. Daher empfahlen sie eine vegetarische Lebensweise, denn in Pflanzen ist nur ein aktives Element enthalten, nämlich Wasser. Wenn wir Pflanzen essen, zerstören wir daher am wenigsten. In Vögeln und anderen Tieren sind drei bis vier Elemente enthalten, und wenn wir diese töten, zerstören wir auch mehr. Aus diesem Grund glauben wir, daß eine vegetarische Lebensweise den Körper reiner erhält.

Gewalt-
losigkeit

Wenn wir Fleisch essen, machen wir unseren Körper zu einem Friedhof. Daher empfehlen wir eine vegetarische Lebensweise, um den Körper richtig zu ernähren. Und nach wissenschaftlichen Untersuchungen haben Vegetarier auch weniger Krankheiten wie Krebs, Herzerkrankungen, Lungenerkrankungen oder Probleme mit Cholesterin. Natürliche Nahrungsmittel sind für den Körper besser, weil dies eine Nahrung in der reinsten Form ist.

* * *

Frage:
Ich glaube, daß uns die Lehren von Sant Mat und die Initiation zum Licht führen, und ich akzeptiere sie. In der katholischen Religion glauben wir, daß wir durch Christus und durch ein Gebet an Christus zu Gott gelangen können.

Christus

Antwort:
Ich möchte folgendes klarstellen: Die Lehren von Sant Mat befassen sich mit der esoterischen Seite jeder Religion. Wenn wir tief in unseren eigenen Religionen suchen, werden wir tatsächlich in jeder Religion auf den mystischen Aspekt stoßen. Wir glauben, daß diese mystische Seite sehr wichtig ist, weil wir die Gotteskraft selbst erfahren müssen. Daher gehen wir davon aus, daß die persönliche Erfahrung der Schlüssel ist, der dann unseren Glauben bestätigt. Und es ist die Erfahrung vom Jenseits, die mystische Erfahrung, über die wir hier sprechen.

Persönliche
Erfahrung
der
Schlüssel

Alle Heiligen und Mystiker, die jemals gelebt haben, sind für die gesamte Menschheit gekommen, für die ganze Welt, und nicht nur für ein bestimmtes kleines Gebiet. Wir verehren alle großen Heiligen und Mystiker und haben großen Respekt vor ihnen.

Vermischte Fragen, vom ersten Besuch in Ungarn und anderswo

Frage:
Ist es möglich, ohne Religion nach innen zu gehen?

Antwort:
Man kann nach innen gehen, ganz gleich, ob man einer Religion angehört oder nicht. Denn «nach innen gehen» bedeutet, sich im Inneren mit der Gotteskraft zu verbinden, die sich in jedem einzelnen befindet, ob er nun an Gott glaubt oder nicht.

Ein einziger Gott

Es hat manchmal den Anschein, daß die einzelnen Religionen verschieden sind – aufgrund der Verkündigung der Lehren durch verschiedene Propheten. Aber Gott ist derselbe für einen Christen, für einen Muslim, einen Hindu, einen Sikh, einen Juden und auch für jemanden, der keiner Religion angehört.

Daher sagen alle unsere Religionen: Liebe deinen Feind genauso wie deinen Nachbarn – weil wir alle Kinder Gottes sind.

Unser Denken mag verschieden sein, unsere Lebensweise mag verschieden sein, unsere Art zu sprechen, unser Glaube, doch wir sind alle Kinder derselben Familie Gottes.

Was nun die Suche nach Gott betrifft, das Erkennen Gottes in uns selbst, so ist dies möglich, ob wir nun an Gott glauben oder nicht, ob wir einer Religion angehören oder nicht.

* * *

Frage:
Ist es möglich, daß eine Seele mehrere Inkarnationen zur selben Zeit hat?

Antwort:

Unteilbare Seele

Nein, die Seele bleibt immer dieselbe, man kann sie nicht teilen. Sie befindet sich daher zu einer Zeit nur in einem Körper. Die Seele kann jedoch in andere Seinsbereiche reisen, die gleichzeitig mit unserer physischen Ebene existieren. Die Astralebene, die Kausalebene, die Suprakausalebene und die Ebene der reinen Wahrheit existieren alle gleichzeitig neben dieser physischen Region. Und unsere Seele kann in diese Bereiche reisen.

* * *

Frage:
Wann erhalten wir unsere neue Lebensform – vor dem Tod oder danach?

Antwort:
Unsere neue Lebensform erhalten wir nach dem physischen Tod, weil zur Zeit unseres Todes eine Abrechnung all unserer Gedanken, Worte und Taten vorgenommen wird. Entsprechend dem Ergebnis dieser Abrechnung nehmen wir eine neue Gestalt an.

Wiedergeburt

* * *

Frage:
Ich glaube fest an Gott, aber dennoch habe ich manchmal Angst oder Depressionen. Wie kann ich dessen Herr werden?

Antwort:
Angst kommt normalerweise in einem Menschen auf, weil etwas unbekannt ist. Wie Sie wissen, fürchten sich die meisten Menschen vor dem Tod, weil wir nicht wissen, was bei diesem Vorgang mit uns geschieht. Und wir fürchten auch andere Dinge im Leben, die uns nicht klar sind.

Depressionen sind ein Mittel unseres Gemüts, damit wir uns weiterhin mit uns selbst beschäftigen und nicht an Gott denken und uns auf Ihn konzentrieren.

Neben unserem physischen Körper haben wir die Seele und das Gemüt. Dieses Gemüt wird auch als Agent von *Kal*, der «negativen Kraft», bezeichnet, welche die drei unteren Regionen beherrscht, die astrale, die kausale und die suprakausale.

Die negative Kraft

Das Gesetz des Karmas wird ebenfalls von Kal beherrscht. Kal hat daher seinen Agenten, das Gemüt, in unseren Körper gepflanzt, damit wir unsere Aufmerksamkeit nicht auf unser wahres Selbst, unsere Seele, lenken, sondern in die Welt, in die Welt der Illusion.

Das Gemüt hat also viele Fallstricke, so daß wir an den Vergnügungen der Welt Gefallen finden. Es kann uns auch in einen

Fallstricke des Gemüts

Zustand der Angst versetzen, denn dann werden wir ebenfalls nicht an Gott denken. Es kann uns in einen Zustand der Depression versetzen, damit wir ausschließlich mit unserer eigenen Person und unserer äußeren Umgebung beschäftigt sind. Dies sind also alles Mittel und Wege, die unser Gemüt benützt, um uns von Gott fernzuhalten.

Wenn wir aber einmal erkennen, daß es Gott gibt, daß wir nach dem Grundsatz, «Dein Wille geschehe», leben müssen und daß das Auf und Ab des Lebens auf unsere karmischen Rückwirkungen zurückzuführen ist, dann werden wir unsere Emotionen, ob wir nun sehr glücklich oder sehr traurig sind, kontrollieren. Wir werden beständig sein, denn wir werden erkennen, daß Gott immer bei uns ist.

Emotionen kontrollieren

* * *

Frage:
Wir haben einmal gehört, daß die Anzahl der Lebensarten im Gleichgewicht ist, die Anzahl der Menschen aber zunimmt. Wo waren diese Seelen vorher? Als Erklärung wurde angeführt, daß sie in verschiedenen Formen existierten und dann Menschen wurden.

Wo waren die Seelen vorher?

Antwort:
Die Theorie der Seelenwanderung oder der Reinkarnation besagt, daß unsere Seele durch all diese Körper wandert. In jedem Leben erzeugen wir Karma, auf dessen Grundlage wir eine weitere Geburt erhalten. Es gibt keine feste Regel, etwa, daß man zuerst eine Pflanze, ein Insekt oder irgendein Säugetier sein muß, um aufzusteigen. Alles hängt von unseren eigenen Handlungen ab. Daher ist es möglich, einiges zu überspringen, wenn unsere Handlungen richtig waren.

Wenn wir nun eine menschliche Geburt erhalten, ist das eine goldene Gelegenheit für uns, uns selbst und Gott zu erkennen. Alle Möglichkeiten, die wir dazu brauchen, sind uns im menschlichen Körper gegeben. Daher ist es so wichtig, eine menschliche Geburt zu erhalten. Der menschliche Körper wird nicht nur in einer Religion als die Krone der Schöpfung bezeichnet, son-

Goldene Gelegenheit

dern alle Religionen sprechen über die Bedeutung unseres Lebens.

Im menschlichen Körper wird es daher unsere Pflicht, unser Lebensziel, uns selbst und Gott zu erkennen. Was geschehen ist, ist vorbei, wir können es nicht mehr ändern, aber der gegenwärtige Augenblick in diesem Leben ist sehr, sehr wichtig.

Wenn wir aber diesen menschlichen Körper erhalten haben, vergeht die Zeit sehr schnell, und schon müssen wir eines Tages wieder gehen. Wenn wir uns nun heute darüber sorgen, was wir in früheren Leben gewesen sind, ob Pflanze, Tier oder etwas anderes, so ist diese Zeit für uns verloren.

Zeit ist kostbar

Selbst wenn wir wissen, was wir gewesen sind, können wir es nicht mehr ändern; es ist daher wieder die Eigenheit des Gemüts, das versucht, uns in diesen Aktivitäten gefangenzuhalten. Und wenn wir uns nun Sorgen über die Zukunft machen, so ist auch diese Zeit für uns verloren.

Daher sagen alle großen Heiligen und Mystiker einhellig: «Vergeude nicht einen einzigen Augenblick deines Lebens, sondern richte deine Aufmerksamkeit ständig auf Gott! Und alles, was man tut, sollte unter Gottes Gnade und unter Seinem Willen stehen.»

Vergeude keine Zeit

Aus diesem Grund ist die Verbindung mit dem göttlichen Licht und Ton im gegenwärtigen Augenblick so wichtig. Den besten Gebrauch von unserer Zeit machen wir, indem wir uns mit diesem Licht und Ton verbinden und dadurch unseren spirituellen Fortschritt bewirken, damit wir den Fesseln von Gemüt, Materie und Illusion entkommen.

Es gibt viele Wege, die zu Gott führen. So gibt es den mittleren Pfad, auch *Shushmana* genannt, den linken Pfad, *Ida*, und den rechten Pfad, genannt *Pingala*. Und es gibt zahlreiche Yogaübungen, durch die wir übernatürliche Kräfte entwickeln können, so daß Magie und Wunder geschehen.

Der mittlere Pfad

Aber wir verfangen uns dann in diesen Aktivitäten und vergessen unser Ziel, nämlich heimwärts zu gehen und mit Gott eins zu werden. Wir in Sant Mat glauben daher, daß wir unsere

Aufmerksamkeit immer auf unser Ziel richten sollten. Wir sollten uns nicht in den Aktivitäten der Welt verlieren.

Wenn wir hier in Budapest sind und nach Miskolc fahren müssen, dann nehmen wir die Straße, die diese beiden Städte miteinander verbindet, und fahren direkt, auf schnellstem Wege nach Miskolc.

Auf dem Weg mag sich ein Zirkus oder ein Zoo oder ein Schloß befinden. Wenn wir stehenbleiben und uns diese Attraktionen ansehen, sind wir nicht mehr auf dem Weg nach Miskolc. Wir glauben daher, daß wir geradeaus gehen müssen und uns keine Sorgen machen sollten – dann entkommen wir den Fallstricken unseres Gemüts, das uns unzählige Ablenkungen in den Weg stellt.

Der direkte Weg

(In seinen Ansprachen begrüßt Rajinder Singh die Anwesenden meist mit der Anrede «Liebe Brüder und Schwestern». Dabei blickt er in die Runde mit gefalteten und emporgehobenen Händen, wie es in Indien üblich ist. Daraus ergab sich die folgende, häufig gestellte Frage.)

Frage:
Was bedeutet der indische Gruß?

Antwort:
Der traditionelle indische Gruß hat eine spirituelle Bedeutung. Die gefalteten Hände sind ein Symbol der Einheit in uns. Alle unsere Finger sehen verschieden aus, und wenn wir nun die verschiedenen Finger der beiden Hände zusammenbringen, symbolisiert dies die Einheit unserer unterschiedlichen Lebensumstände. Die nach oben gerichteten Daumen deuten auf die Wohnstatt Gottes und stehen dafür, daß trotz unserer unterschiedlichen Situationen – ob wir reich oder arm sind, ob unsere Hautfarbe weiß, schwarz oder braun ist, ob wir gebildet oder ungebildet sind, ob wir der einen oder anderen Religion angehören – Einheit in uns herrscht.

Der indische Gruß

Und diese Einheit ist Gott, der die gesamte Schöpfung hervorbrachte und nach dessen Willen alle Handlungen in diesem

Universum ablaufen. Wenn wir uns mit gefalteten Händen begrüßen, verneigen wir uns auch vor dem göttlichen Licht im anderen. Diese Begrüßungsgeste erinnert uns also an die Einheit in uns und an Gott, der sich in uns allen befindet.

Die große Einheit

* * *

Frage:
Sie haben einmal gesagt, daß wir für unsere Gedanken, Worten und Taten zur Rechenschaft gezogen werden, nach dem Gesetz des Karmas. Wenn mich jemand geschlagen hat und ich dann schlecht über ihn denke, welche Wirkung hat ein solcher Gedanke auf mein Karma?

Antwort:
Mahatma Gandhi pflegte Jesus Christus zu zitieren: «Wenn dich jemand auf eine Wange haut, so halte ihm auch die andere hin.» Wenn wir ein spirituelles Leben führen, denken wir nicht daran, einen anderen zu verletzen. Wenn wir zu meditieren beginnen und uns mit dem göttlichen Licht und Ton verbinden, heißt das noch nicht, daß sich alle anderen in ihrem Verhalten uns gegenüber plötzlich verändern.

In dem Maße, wie wir uns mit der Göttlichkeit in uns verbinden, erhöhen wir den Grad unseres Bewußtseins. Damit setzt die Erkenntnis ein, daß die Wahrheit in uns ist und daß alles in der äußeren Welt Illusion oder Maya darstellt.

Wahrheit ist innen

Dann beginnen wir, das Leben von einem anderen Standpunkt aus zu betrachten. <u>Wenn wir diesen Blickwinkel entwickeln, werden die Eigenarten und Störungen des Lebens uns nicht weiter belasten.</u>

Jedes Mal, wenn wir einen schlechten Gedanken haben, werden wir dafür zur Verantwortung gezogen, in dem Maße, wie schwerwiegend der Gedanke ist. Das gilt auch für unsere Worte und Handlungen.

Wenn wir jedoch meditieren und spirituell wachsen, erreichen wir einen Zustand, in dem die negativen Handlungen anderer Menschen uns <u>nicht mehr beeinflussen</u> und <u>wir auch nicht mehr darauf reagieren.</u>

Nicht mehr reagieren

Vermischte Fragen, vom ersten Besuch in Ungarn und anderswo

Buddha und das Geschenk

Es gibt zu dieser Frage eine Geschichte aus dem Leben Buddhas. Ein junger Mann kam zu Buddha und ließ eine ganze Litanei über das Schlechte vom Stapel, das ihm (dem jungen Mann) widerfahren sei. Er beschuldigte Buddha, ihm nicht geholfen zu haben.

Wenn alles in Ordnung ist und gutgeht, erinnern wir uns nicht an Gott. Wenn aber die Dinge schlecht stehen und schief laufen, erinnern wir uns an ihn und halten ihm vor, uns nicht geholfen zu haben.

Der junge Mann redete sich in eine rechte Wut hinein. Die anderen Schüler des Buddhas wurden ungeduldig und wollten den jungen Mann fortjagen, Buddha hielt sie aber zurück.

Als der junge Mann fertig war, fragte Buddha ihn: «Wenn dir jemand ein Geschenk bringt und du es nicht annimmst, wem gehört das Geschenk dann?» Der Mann erwiderte: «Demjenigen, der es gebracht hat.» Daraufhin sagte Buddha: «Das Geschenk, das du mir gebracht hast, nehme ich nicht an.»

Höheres Bewußtsein

Wenn jemand voller Zorn und Aggression zu uns kommt und wir genauso reagieren, dann schaffen wir Karma für uns. In dem Maße, wie sich unser Bewußtseinsgrad erhöht, werden unsere Reaktionen ruhig und liebevoll, und wir führen dann ein Leben, in dem wir kein schlechtes Karma anhäufen.

Frage:
Ist Karma immer die Folge der eigenen Verhaltensweisen, oder kann Karma übertragen werden, zum Beispiel von den Vorfahren?

Antwort:

Karma ist persönlich

Wir haben unsere eigenen Gedanken, Worte und Taten und werden dafür zur Rechenschaft gezogen. Karma kann nicht von Vorfahren übertragen werden.

Frage:
Warum hat die Seele ihre wahre Heimat verlassen, und warum ist sie an diesen Ort gekommen? Was müssen wir tun, um zurückzukehren?

Antwort:
In der Bibel, zu Beginn des Johannes-Evangeliums, heißt es, daß am Anfang, vor Beginn der Schöpfung, das *Heilige Wort* existierte. Sant Darshan Singh erklärte uns, daß Gott einer war und viele sein wollte. Nicht die Seele verließ Gott, sondern Gott, der allein war, wollte Liebende schaffen, die Ihn liebten. So schuf er Teile seiner selbst, um Ihn zu lieben, die auch Er lieben könnte. Wir alle brauchen Liebe in unserem Leben. Deshalb ist die Schöpfung entstanden. Als sich die Schöpfung weiterentwickelte, verließen Seelen die spirituelle Region, um die niedrigeren Welten zu bevölkern.

Wir alle brauchen Liebe

* * *

Frage:
Warum essen Menschen auf diesem Meditationsweg kein Fleisch, Fisch und Geflügel?

Antwort:
Es gibt mehrere Gründe, warum Menschen Vegetarier sind. Sant Kirpal Singh pflegte auf diese Frage zu sagen, daß wir den menschlichen Körper nicht zum Grab machen wollen, in dem Tierleichen begraben werden. Wir wollen nicht, daß wir tote Tierkörper in uns aufnehmen, weil wir ein reines Gefährt brauchen, um Gott erkennen zu können. Wenn wir irgendwohin reisen, und unser Gefährt verschmutzt ist und deshalb nicht richtig funktioniert, werden wir das Ziel nicht erreichen. Ein reiner Körper ist eine sehr notwendige Voraussetzung, um sich erfolgreich auf die spirituelle Reise in die Innenwelten zu begeben.

Gott erkennen

In den Schriften bedeutender Heiliger und Mystiker finden wir zahlreiche Hinweise auf eine vegetarische Lebensweise. Der heilige Franziskus von Assisi nannte die Tiere, Vögel und Fische seine Brüder und Schwestern. Essen wir unsere Brüder und Schwestern? Sie haben auch Leben.

Franziskus

Es gibt einen weiteren Grund, warum wir kein Fleisch essen. Wir Menschen bestehen aus fünf lebendigen Elementen: Feuer, Luft, Wasser, Erde und Äther. Säugetiere bestehen aus vier aktiven Elementen, Vögel aus dreien, Fische aus zweien und Pflanzen nur aus einem Element (Wasser). Wenn wir Säugetiere essen, zerstören wir vier Elemente. Wenn wir Pflanzen essen, verursachen wir damit die geringstmögliche Zerstörung an Leben.

Vorzüge der vegetarischen Ernährung

Inzwischen hat auch die moderne Medizin entdeckt, daß es gesünder ist, Fleisch zu meiden, weil es zu Herzbeschwerden und einer Reihe anderer Gesundheitsprobleme führen kann. Allmählich erkennen immer mehr informierte Mitmenschen den Vorzug einer vegetarischen Ernährung.

* * *

(Der folgende Text ist ein kurzer, aber charakteristischer Auszug aus einem längeren Gespräch von Rajinder Singh mit einer Schweizer Wirtschaftsjournalistin im Juni 1996 in Zürich.)

Frage:
Oft meinen Manager und Geschäftsleute, daß sie es sich nicht leisten können, höheren Idealen und spirituellen Prinzipien zu folgen, weil sie wettbewerbsfähig bleiben müssen und Profit machen müssen. Was würden Sie diesen Menschen sagen?

Antwort:

Humanisierung der Arbeit

Ich meine, daß es wesentlich ist zu verstehen, daß auch dieser Bereich des Lebens eine «Humanisierung» braucht. In der Wirtschaft bedeutet Humanisierung, daß das Management nicht nur für Gewinn oder Verlust verantwortlich ist, sondern auch für die Qualität der hergestellten Produkte und Dienstleistungen und ebenso auch für den Umgang mit ihrem Personal, mit den Menschen.

Frage:
Wie würde eine Firma aussehen, die von spirituell orientierten Menschen geleitet wird?

Antwort:
Eine solche Firma ist zunächst einmal sehr viel effizienter. Die Mitarbeiter sind pünktlicher, ihre Hingabe an die Firma und ihre

Konzentrations- und Leistungsfähigkeit sind größer, und sie sind bereit und fähig, mehr Verantwortung für größere Projekte zu tragen. Sie betrachten das Geschäft als ihr eigenes persönliches Interesse und müssen vom Management nicht gedrängt werden, etwas zu leisten.

Leistungsfähigkeit

Frage:
Wie organisiert man nun eine solche Firma?

Antwort:
Zuerst wäre wichtig, daß die Firma die Bedeutung einer ethischen Arbeit erkennt. Neben allen anderen Vorgängen und Techniken der Geschäftsabwicklung wäre es wichtig, daß jeder Angestellte erkennen könnte und würde, wie wesentlich es für den Erfolg der Firma ist, in allen Belangen mit den anderen zusammenzuarbeiten und im gesamten Verhalten ethisch zu sein und zu bleiben.

Ethik

Weiter ist es wichtig, daß Zeit dafür zur Verfügung steht, daß die Angestellten meditieren können. Es ist nachgewiesen, daß die Produktivität deutlich erhöht werden kann, wenn Firmen ihren Mitarbeitern täglich etwas Zeit geben, um zu meditieren, um Ruhe und Klarheit des Gemüts zu erlangen. Dazu gehört auch, eine Möglichkeit zu schaffen, daß sich die Mitarbeiter untereinander austauschen, daß man über eine ethische Lebensführung und die wahren Lebensziele spricht und entsprechende Anleitungen erhält.

Meditation und Produktivität

4

Warum meditieren wir?

Rajinder Singh ging in Naperville, Chicago, Anfang August 1995, bei einer Zusammenkunft mit etwa zweihundert Menschen auf sehr intensive und hintergründige, manchmal auch humorvolle Weise auf diese zentrale Frage ein, die immer wieder von Suchern gestellt wird: «Warum meditieren wir eigentlich wirklich?»

Es ist schön, daß wir die Gelegenheit haben, Zeit miteinander zu verbringen. Da wir alle uns darum bemühen, spirituell zu wachsen, sind diese Zeiten der Gemeinsamkeit die besten Augenblicke unseres Lebens, weil dann unsere ganze Aufmerksamkeit auf Gott gerichtet ist.

Alle großen Heiligen und Mystiker haben stets betont, daß sich Gott in jedem einzelnen von uns befindet. Wir sind also niemals von Gott getrennt. Sie haben auch gesagt, daß, wenn zwei oder mehr im Namen Gottes versammelt sind, die Kraft Gottes im Überfluß vorhanden ist. Wenn sich an einem solchen Wochenende also so viele von uns versammeln, wird die Atmosphäre aufgeladen mit Segen, Glückseligkeit und Freude. Denn wenn wir hierher kommen, versuchen wir, alle unsere Probleme draußen zu lassen, damit wir uns auf die spirituelle Seite unseres Lebens konzentrieren können. Wenn wir uns immer noch Sorgen über die Welt draußen machen, obwohl wir hierher gekommen sind, dann wird es uns schwerfallen, uns auf das Wesentliche auszurichten. Wenn wir jedoch unsere ganze Aufmerksamkeit auf die spirituellen Aspekte des Lebens konzentrieren, wird es mit Sicherheit auch spirituellen Fortschritt geben.

Gott ist in jedem Menschen

Spiritueller Fortschritt

Die meisten von uns hier meditieren, deshalb muß ich auf den vielfältigen und allgemeinen Nutzen von Meditation nicht in den Einzelheiten eingehen. Sehr viele haben festgestellt, daß Meditation uns und anderen Menschen hilft. Es könnte jedoch nützlich sein, darüber zu sprechen, wie und warum man regelmäßig meditiert.

Warum leiden wir?

Es ist hilfreich, an Gott zu denken, wenn wir in Schwierigkeiten stecken, dann erhalten wir jede mögliche Hilfe. Aber wir sollten uns auf das Göttliche so viel wie möglich ausrichten. Doch weil wir das in unserem weltlichen Leben nicht tun, leiden wir ständig unter Kummer und Schmerz. Wir leiden physisch, emotional und mental. Da unsere Aufmerksamkeit permanent auf das weltliche Leben und Leiden fixiert ist, kämpfen wir eigentlich ständig gegen irgendwelche Probleme. Wir lösen vielleicht das eine oder andere Problem, aber schon entsteht ein neues, und so geht es immer weiter.

Leben ein Kampf?

Das Leben erscheint uns wie ein unaufhörlicher Kampf, denn wir betrachten es nicht aus der richtigen Perspektive. Deshalb ist es sehr wichtig, zu erkennen, was in unserem Leben wirklich vor sich geht.

In diesem Leben bietet sich uns allen die Gelegenheit, Gott zu erkennen. Einige sind mit einem besseren Intellekt ausgestattet als andere, und wenn sie ihn nutzen, können sie viel erreichen. Andere haben zwar den Intellekt, nutzen ihn aber nicht, so daß er sich nicht entwickeln kann. Sie setzen also die Ressourcen, über die sie verfügen, nicht ein. Es ist aber wichtig, daß wir unsere Ressourcen, unser Potential, nutzen.

Nutzen wir unser Potential?

Unser größtes Potential

Ein Potential, das wir alle haben, ist die menschliche Geburt. Gott hat uns in diesem menschlichen Körper alles gegeben, was wir brauchen, um Ihn zu erkennen. Doch wenn wir das nicht nutzen, versäumen wir die Gelegenheit.

Millionen leben so, vom Tag ihrer Geburt an bis zu ihrem Tod. Sie sind niemals in der Lage, den Sinn hinter ihrem Leben zu sehen bzw. zu erkennen, wie sie ihr Leben am besten gestalten sollten. Sie kämpfen darum, sich körperlich, mental oder emotional zu entfalten, und ihre Aufmerksamkeit ist ständig auf diese Bereiche konzentriert, so daß sie nicht einmal ahnen, worin der Sinn ihres Lebens eigentlich besteht, warum sie eigentlich hier sind.

Wenn die Umgebung, in die wir hineingeboren wurden, unserer spirituellen Entwicklung nicht dient, dann werden wir uns auch nicht entwickeln, sondern werden von unseren Lebensumständen immer mehr gefangengenommen. Wer zum Beispiel in Indien geboren wurde, wird wahrscheinlich Hindi lernen, besonders, wenn er in einem Dorf lebt oder auf einem Bauernhof arbeitet. So ist das Leben. Wer in einer Großstadt lebt, wird etwas anderes lernen, zum Beispiel Englisch. Jeder wird vom Umfeld, in dem er lebt, geprägt; er lernt entsprechend seinem Umfeld. Dies bedeutet aber nicht, daß jemand aus der Stadt besser ist als ein Dorfbewohner.

Doch eines gilt: Die Kultur, in der wir leben, das Land, in dem wir wohnen und die Religion, in die wir hineingeboren wurden, beeinflussen unser Leben, unsere Denkweise, unsere Sprache und unser Handeln, und mit all dem beschäftigen wir uns auch.

Kultur und Denkweise

Warum brauchen wir einen Meister?

Wenn wir die heiligen Schriften lesen, dann sehen wir, daß es zu allen Zeiten wichtig war, einem Heiligen oder Meister zu folgen. Diese Schriften betonen auch immer wieder, daß wir zu einem Heiligen oder Meister gehen sollten, um einige Zeit bei ihm zu verbringen. Warum?

Weil unsere Aufmerksamkeit dort auf die spirituelle Seite unseres Lebens, auf Gott ausgerichtet ist. Denn jemand, der völlig auf den spirituellen Aspekt konzentriert ist, spricht nicht nur darüber, sondern lebt diesen Aspekt auch und hat eine spirituelle Ausstrahlung. Wenn wir erst einmal erkannt haben, wie wichtig spirituelles Wachstum für uns ist, werden wir in dieser Hinsicht etwas unternehmen.

Spiritualität leben und ausstrahlen

Wir sitzen hier alle zusammen und sprechen über Gott, weil wir das für wichtig halten. Wenn wir meinen würden, Spiritualität sei nicht wichtig, gäbe es tausend andere Dinge, die wir in Chicago unternehmen könnten. Das ist eine der größten Städte der Welt und bietet so viele Attraktionen. Die Umwelt übt definitiv eine große Wirkung auf uns aus. Wenn wir in einer Umgebung bleiben, werden wir von ihrer Schwingung beeinflußt.

Die Menschen kennen viele Wege, um sich selbst und Gott zu erkennen. Wir sollten den Weg wählen, der uns zweckmäßig erscheint. Es ist aber eine Frage, was uns angenehm ist und eine andere, was für uns richtig ist. Es gibt viele Wege, sich auf das Göttliche zu konzentrieren.

Den richtigen Weg wählen

Im Osten wird viel über Yoga gesprochen. Im Sprachgebrauch des Westens wird das Wort Yoga für Verbindung oder Vereinigung verwendet. Normalerweise steht es für die Vereinigung unserer Seele mit Gott. Es gibt viele Arten von Yoga und Meditation, durch die sich der Mensch selbst erkennen kann. Sie führen uns zu verschiedenen Stufen des Verstehens, und der Mensch wird zu dem, womit er sich beschäftigt. Es ist wie in der Schule.

Es gibt Lehrer für den Kindergarten, für die Volksschule, für die Mittelschule, für die Hochschule usw. Wenn wir in immer höhere Klassen kommen, lernen wir mehr und mehr, und unser Wissen vergrößert sich. Haben wir einmal das grundlegende Wissen erworben, können wir das, was darauf aufbaut, verstehen. Wenn man aber ein fünf Jahre altes Kind in eine höhere Schule schickt, wird es, selbst wenn es ein Genie ist, nichts verstehen. Daher ist der Faktor Zeit beim Lernprozeß sehr wichtig.

Wie können wir bereit sein?

Der richtige Zeitpunkt

Wir glauben vielleicht manchmal, daß ein bestimmtes Ereignis in unserem Leben unser Schicksal ist, doch in Wirklichkeit kommt es erst dann auf uns zu, wenn der richtige Zeitpunkt dafür gekommen ist, denn erst dann sind wir auch für eine bestimmte Erkenntnis bereit.

Damit ein solcher Augenblick nicht nutzlos vergeht, müssen wir auf ihn vorbereitet sein. Normalerweise sind wir so beschäftigt, daß wir dann, wenn sich uns eine Gelegenheit bietet, diese nicht erkennen.

In Erwartung Gottes

In diesem Zusammenhang gibt es eine sehr interessante Geschichte. Ein Mann wollte einmal gerne Gott sehen, und er träumte, daß Gott in den nächsten Tagen in sein Haus kommen werde. So richtete er sein Haus sehr schön her und wartete, bis Gott kommen würde. Doch plötzlich kam ein Bettler, der Geld von ihm wollte. «Was machst du hier? Ich warte auf Gott, also

Photo: Pressearchiv Wissenschaft der Spiritualität

Rajinder Singh anläßlich der Verleihung des Friedenspreises,
New York, 5.6.1997.

Photo: Pressearchiv Wissenschaft der Spiritualität

Ehrung des Generalsekretärs der Vereinigten Nationen, Kofi Annan,
New York/USA, April 1979.

Photo: M. & C. Schramm

16. Internationale Konferenz zur Einheit der Menschen, Delhi/Indien, Sept. 1996. Eröffnung des Symposiums über Mystische Dichtung auf dem Pologelände der Universität Delhi.

Photo: M. & C. Schramm

16. Internationale Konferenz zur Einheit der Menschen, Delhi/Indien, Sept. 1996. Rajinder Singh begrüßt die Delegierten im Siri Fort Auditorium.

geh wieder! Wenn Gott dich so schmutzig vor meinem Haus sieht, wird Er bestimmt vorbeigehen», sagte er. Etwas später kam wieder ein Bettler, und auch diesen schickte er weg. So verging der ganze Tag, doch Gott kam nicht zu seinem Haus. Erst als er sich ins Bett gelegt hatte, erschien ihm Gott. Er sagte: «Lieber Gott, Du solltest doch in mein Haus kommen, was ist denn geschehen?» Gott antwortete: «Ich kam in Gestalt eines Bettlers, doch du hast mich weggeschickt.»

Gott im Bettler

Nutzen wir unsere Lebenszeit?

Uns geht es genauso. Wenn die Gelegenheit an unsere Tür anklopft, dann halten wir sie geschlossen. Sant Kirpal Singh verglich uns oft mit einem Blinden, der Juckreiz hat und der in einem Raum ist und zur Tür hinaus möchte. Doch jedesmal, wenn er zur Tür kommt, muß er sich kratzen und verpaßt so den Ausgang. So ist es auch bei uns.

Wir werden oft zu Gott hingezogen, doch wir sind so sehr mit unseren Aktivitäten in der Welt beschäftigt, daß wir das nicht erkennen. Die Heiligen und Mystiker ermahnen uns deshalb auch immer wieder, doch endlich aufzuwachen. Warum? Wenn wir einmal physisch gestorben sind, haben wir einen langen Schlaf vor uns.

Verloren an die Welt?

Wenn man an all die 8,4 Millionen verschiedenen Lebensformen denkt, die unsere Seele bewohnen kann, dann kann man sich vorstellen, daß man 8,4 Millionen minus eine Form durchlaufen muß, wenn man einmal diese Gelegenheit im menschlichen Körper verpaßt hat.

Die Heiligen und Mystiker sagen, wir sollten nicht einen einzigen Augenblick unseres Lebens verschwenden, denn jeder einzelne ist sehr wertvoll. Wir glauben vielleicht, daß ein Leben von fünfzig, sechzig oder hundert Jahren eine lange Zeit ist. Doch im Vergleich zum gesamten Spektrum der Zeit ist es nur sehr wenig.

Zeit ist wertvoll

Die Wissenschaftler erklären, daß das Universum vor Millionen von Jahren entstanden ist. Sie wissen auch, was bereits wenige Augenblicke nach der Entstehung der Schöpfung geschah, und sie versuchen herauszufinden, wie lange diese Erde bereits besteht. Man kann sich vorstellen, daß hundert Jahre für unsere Seele, die seit Millionen von Jahren von Gott getrennt ist und von einem Körper zum anderen geht, sehr wenig ist. Wir glauben, dies sei eine lange Zeit.

<small>Die Krone der Schöpfung</small>

Tatsächlich bietet diese Zeit die Gelegenheit, Gott zu erkennen. Alle Heiligen und Mystiker haben die menschliche Gestalt als die Krone der Schöpfung bezeichnet, weil man nur im menschlichen Körper die Möglichkeit hat, sich selbst zu erkennen. Dies zu verstehen ist manchmal sehr schwierig.

Wir denken, wir haben den Körper nur bekommen, um zu lernen, wie man arbeitet, Geld verdient oder Besitz erwirbt. Wir wollen uns wohl fühlen und gut aussehen, damit jeder gleich sieht, wie erfolgreich wir waren. Wir erkennen kaum, daß der Erfolg in dieser Welt keine Bedeutung hat. Was zählt, ist nur das Leben danach.

Was ist nach dem Tod?

<small>Nach dem Tod</small>

Das Leben hier geht zu Ende, und wir müssen alle irgendwann sterben; das wissen wir. Doch wissen wir auch, was danach kommt? Und wieviel Zeit verbringen wir damit, das herauszubekommen? Was machen wir aus der Gelegenheit, die wir erhalten haben, um uns selbst zu erkennen? Die meisten sagen, wenn der Tod kommt, werden wir schon sehen, was geschieht. Doch dann haben wir keine Zeit mehr dafür, und wir haben keine Möglichkeit, uns diesen Übergang zu erleichtern.

Interessant ist, daß in den letzten Jahren sehr viel über Nah-Tod-Erfahrungen geschrieben wurde. Viele intelligente und gebildete Menschen wollen einen Beweis, und nun gibt es sogar Hunderte mit Nah-Tod-Erfahrungen, die Bücher darüber geschrieben haben. Eine Gallup-Umfrage 1982 in den USA bestätigte, daß dort über 8 Millionen Menschen solche Erfahrungen hatten. Wir wissen also, daß es Menschen gibt, die so etwas erlebt haben und mit denen man darüber reden kann. Und da es Durchschnittsmenschen sind, kommt unser Gemüt, das ja stets alles hinterfragt, zur Ruhe. Wir sind heutzutage darauf trainiert, nur das zu glauben, was wir durch unsere Sinne wahrnehmen. Doch das kann auch falsch sein, denn wenn etwas über die Sinne hinausgeht, glauben wir es nicht.

Was können wir selbst erfahren?

Die Schönheit der Meditation auf das innere göttliche Licht und den göttlichen Klang besteht darin, daß wir in der Lage sind, dieses Licht und diesen Klang selbst zu erfahren. Wir müssen dazu niemandem zuhören und auch keine Bücher darüber lesen. Es geht um die Erfahrung, die uns umwandelt. Wenn wir diese Erfahrung nicht haben und nur einen Vortrag hören, sind wir nicht hundertprozentig sicher. Schönheit der Meditation

Doch wenn wir unsere Augen schließen, können wir Licht sehen und melodiöse Klänge hören, und wir wissen dann, daß es innen etwas gibt, denn dort ist ja niemand, der eine Fackel anzünden oder Licht einschalten oder Musik spielen kann.

Eine solche Erfahrung bestätigt das, was die großen Heiligen und Mystiker geschrieben haben. Man kann alle heiligen Schriften lesen, die christlichen, die islamischen, die Schriften der Hindus oder die der Buddhisten oder der Sikhs, sie sind alle voll von Berichten über die Freude, die Glückseligkeit, die man in den inneren Bereichen erfährt, wenn man sich erst einmal über das Körperbewußtsein erhoben hat. Glückseligkeit

Welche inneren Ebenen gibt es?

Um das nachzuvollziehen, sollten wir meditieren und uns schließlich selbst erkennen. Die Frage, warum und worüber wir meditieren sollten, stellt sich irgendwann jeder im Leben. Es gibt fünf Schöpfungsebenen: die physische, die astrale, die kausale, die suprakausale und Sach Khand, die Region der reinen Wahrheit. Alle diese Regionen stehen unter der Kontrolle Gottes, der sie auch erschaffen hat.

Warum meditieren wir?

Kal und Gott

Die drei unteren Regionen wiederum, die physische, die astrale und die kausale, sind unter der Herrschaft von Kal, der seinerseits unter der Kontrolle Gottes steht.

Gott hat einen sehr guten Managementstil: Er gibt jemandem eine bestimmte Aufgabe und mischt sich dann nicht mehr allzuviel ein. Er fragt also Kal nicht ununterbrochen, was er gerade macht. Er sagt nur: «Hier hast du die unteren drei Ebenen, und nun kümmere dich darum. Wenn du mich brauchst, dann rufe mich.»

So sitzt nun Kal bei seinen drei großen Regionen und bildet sich viel darauf ein. Er sagt: «Wenn all diese Seelen, die mir Gott anvertraut hat, merken, daß sie ein Teil Gottes sind, dann werden sie nicht länger unter meiner Herrschaft bleiben, sondern zurück zu Ihm gehen wollen. Daher muß ich mir etwas einfallen lassen, damit sie nicht entkommen können. Sie müssen auf mich hören, denn hören sie erst einmal auf den obersten Chef, habe ich sie nicht mehr unter Kontrolle.»

Kal und Karma

So stellte Kal das System des Karmas auf, ein sehr genaues und gerechtes System. Es besagt, daß jede Aktion eine Reaktion hervorruft. Für alles, was wir tun, erhalten wir eine Belohnung oder eine Strafe. Wenn wir jemanden schlagen, werden wir daher auch geschlagen. Wenn wir jemandem helfen, wird auch uns geholfen.

Es ist also nicht wie bei Ghandi, der auch die zweite Backe hinhielt, nachdem man ihn auf die erste geschlagen hatte. Kal ist sehr streng. Es gibt zweierlei Arten von Eltern: jene, die sehr streng sind und feste Regeln aufstellen und genau auf deren Einhaltung achten, und solche, die sehr umgänglich und nachgiebig sind und ohne viele Gebote auskommen.

(Rajinder Singh fügte hinzu, daß die beste Art von Eltern die sei, die von beidem etwas hat.)

Kal handelt eher wie ein sehr strenger Vater, der Regeln aufstellt wie: Du mußt um 8 Uhr essen. Du mußt um 11 Uhr zu Hause sein. Wenn du um 2 Uhr früh heimkommst, hast du zwei Monate Ausgangssperre usw. Jeder kennt dieses System.

Was ist das Gesetz des Karmas?

Kal setzte also das karmische System ein. Wenn man Gutes tut, wird man belohnt, man bekommt Hilfe und kann ein besseres Leben führen. Wenn man aber nichts Gutes tut, dann wird man dafür bestraft.

In diesem System gibt es kein Erbarmen. Wenn man etwas anstellt, ist es also nicht wie bei Gott, der dann sagt: «Na gut, ich gebe dir noch eine Chance.»

Das Gesetz des Karmas besagt, daß wir für jeden Gedanken, für jedes Wort und für jede Tat verantwortlich sind. Bei guten Gedanken, Worten und Werken werden wir belohnt, für schlechte Gedanken, Worte und Taten werden wir bestraft. Dieses Gesetz hat Kal in den drei unteren Ebenen eingeführt.

Er war dabei auch noch besonders schlau und bat Gott um folgendes Zugeständnis: Er wollte, daß die Seelen, die ein Teil Gottes sind, Gott vergessen sollten. Denn er wußte, daß die Seelen sonst im Bewußtsein, ein Teil Gottes zu sein, das Verlangen hätten, bei Ihm zu sein.

Gottes Zugeständnis

Wenn jemand in Indien geboren wird und in die USA auswandert, dann will die erste Generation immer wieder nach Indien zurück, weil dort die Eltern leben. Doch die Kinder, die bereits in den USA geboren wurden, haben kaum noch den Hang, nach Indien zu gehen, weil sie nur noch geringen Bezug zu diesem Land haben. Einige Generationen weiter werden vielleicht noch nicht einmal mehr wissen, daß sie aus Indien stammen. Für sie liegen ihre Wurzeln genau dort, wo sie gerade leben.

Ähnlich ist es bei uns. Unsere Seele wandert in den drei unteren Regionen von einem Körper zum anderen, und da wir uns nicht mehr an Gott erinnern, halten wir diese Regionen für unsere wahre Heimat. Wir wissen einfach nicht mehr, daß unsere wahre Heimat die Region aller Glückseligkeit, aller Freude ist. Wir handeln und leben nach den Spielregeln dieser Welt und identifizieren uns immer mehr mit ihr, denn wir halten sie für unsere Heimat.

Drei untere Regionen

Warum meditieren wir?

Sanchit-Karma

Wir denken, reden und handeln und schaffen uns dadurch Karma. Dies sammelt sich im sogenannten Vorratskarma oder Sanchit-Karma an. Wenn wir in Millionen Körpern waren, bevor wir diese menschliche Geburt erhielten, haben wir in diesen Körpern Karma angesammelt.

Pralabd-Karma

Aus diesem Vorrat wird dann ein bestimmter Teil für das gegenwärtige Leben herausgenommen, das sogenannte Schicksalskarma oder Pralabd-Karma. Wenn zum Beispiel jemand unvermittelt schwer krank wird oder sehr arm oder durch einen Lotteriegewinn sehr reich wird, dann ist dies auf das Schicksalskarma zurückzuführen. Es muß ablaufen, und wir haben keine Kontrolle darüber. Selbst, wenn wir unser Bestes geben, um etwas zu erreichen, so kann es doch sein, daß unser Leben aufgrund der Belohnungen oder Bestrafungen, die uns vorherbestimmt sind, in einer anderen Richtung verläuft.

Kriyaman-Karma

Die dritte Art von Karma ist das Kriyaman-Karma oder unser täglich neu geschaffenes Karma. Jeden Tag haben wir viele Gedanken, wir sprechen viel und tun viel. All dies wird ebenfalls gesammelt. Auf der Grundlage dieses Karmas stehen wir am Ende unseres Lebens vor dem Richter.

Manche Schriften sprechen von ihm als vom Herrn der Gerechtigkeit, manche nennen ihn Kal, und in den Hindu-Schriften heißt er Dharam Raj, was eigentlich nur ein anderer Name für ihn ist. Bei diesem Gericht wird dann entschieden, was mit uns in Zukunft geschieht.

Eiserne und goldene Ketten

Solange wir in dieser Welt leben, häufen wir alle Karma an. Für schlechtes Karma werden wir bestraft, doch auch für gutes Karma müssen wir zurückkehren und die Früchte ernten. Krishna sagt, daß schlechtes Karma eisernen Ketten gleicht, die uns an diese Welt binden. Doch er betont, daß auch gutes Karma Ketten gleicht, wenn auch goldenen, weil wir auch für gute Taten die Belohnung ernten müssen.

Wie können wir vom Karma frei werden?

Die Heiligen und Mystiker erklären uns, wenn sie von der Befreiung aus dem Zyklus der Geburten und Tode, aus dem Rad der Seelenwanderung sprechen, daß wir einen Zustand des Neh-Karma oder des Freiseins von Karma erreichen müssen, denn bevor nicht all unser Karma abgetragen ist, müssen wir immer wieder in diese Welt zurückkehren.

Doch wie erlangen wir diesen Zustand des Neh-Karma? Der Vorgang der Meditation auf das göttliche Licht und den göttlichen Klang hilft uns, diesen Zustand zu erlangen. Die großen Heiligen und Mystiker haben sich dazu klar geäußert.

Neh-Karma

Das Vorratslager an Karma, die größte Last, wird zur Zeit unserer Initiation in das innere Licht und den inneren Ton durch einen vollkommenen Meister ausgelöscht, weil die Gotteskraft, die uns initiiert, diese große Last tilgt. Das gesamte Vorratskarma wird also zur Zeit der Initiation beseitigt, so daß diese große Last wegfällt.

Meister löscht Karma

Die zweite Form von Karma, das Pralabd-Karma, wird in der Regel nicht berührt. Es könnte auch weggenommen werden, doch dann würde unsere physische Existenz enden. Aber selbst beim Pralabd-Karma wird uns Hilfe gewährt, damit es für uns etwas erträglicher wird; doch letztlich müssen wir es selbst durchstehen.

Und was den Bereich des Kriyaman-Karmas betrifft, also jenes Karma, das wir täglich ansammeln, werden wir gebeten, ein ethisches Leben zu führen: ein Leben der Wahrhaftigkeit, der Gewaltlosigkeit, der Demut und Bescheidenheit, des selbstlosen Dienens, der Keuschheit und der Reinheit.

Diese Tugenden helfen uns, ein wahrer Mensch zu werden, ein Mensch, wie ihn Gott haben will. Wir sollten also alles Karma vermeiden, das uns bindet. Da wir auch für gutes Karma die Belohnung ernten müssen, haben die großen Meister stets betont, daß es wichtig ist, täglich zu meditieren, um so Tag für Tag mit dem göttlichen Licht und Klang verbunden zu sein, denn

Tägliche Meditation

dann löschen wir alles Karma, was wir tagsüber produziert haben, wieder aus.

Wenn unser Leben schließlich zu Ende geht, ist das große Vorratslager weg, das Pralabd-Karma haben wir abgetragen und das tägliche Karma haben wir durch tägliche Meditationen ausgelöscht.

2 1/2 Stunden

Sant Kirpal Singh sagte immer, daß wir zehn Prozent unserer Zeit der heiligen Meditation widmen sollten, also etwa zweieinhalb Stunden täglich. So können wir uns Tag für Tag auf unser Karma konzentrieren und einen karmafreien Zustand erreichen.

Jeden Tag produzieren wir dann zwar Karma, aber wir löschen es auch wieder aus. Daher sagen die großen Heiligen und Mystiker, daß die Meditation eine Zeit ist, in der wir kein Karma anhäufen, denn wir denken nichts, reden nichts und tun nichts.

Welche Rolle spielt der «Satsang»?

Satsang und Karma

Auch wenn wir den Satsang besuchen – das Wort *Sat* bedeutet Wahrheit und das Wort *Sang* Gemeinschaft –, also wenn wir in Gemeinschaft mit der Wahrheit, in Gemeinschaft mit einem Heiligen sind und seinen Worten zuhören, dann ist unsere Aufmerksamkeit so sehr in den Satsang vertieft, daß wir nicht sprechen, nicht denken und nichts tun. Somit ist auch dies eine Zeit, in der wir kein Karma verursachen.

Hazur Baba Sawan Singh hat daher immer gesagt, man sollte tausend wichtige Arbeiten dieser Welt liegenlassen und statt dessen meditieren und hundert wichtige Arbeiten lassen und dafür den Satsang besuchen.

Warum meditieren wir also?

Das Ziel der Meditation sollte demnach sein, aus dem Zyklus der Geburten und Tode herauszukommen. Wir meditieren also nicht nur, um ruhig und friedvoll zu sein oder um uns körperlich wohl zu fühlen; wir meditieren auch nicht nur, um uns emotional gut zu fühlen, und auch nicht nur, um Gemütsfrieden zu erlangen. Dies sind alles zusätzliche positive Auswirkungen, die wir dabei natürlich auch erhalten.

Der wahre Grund für die Meditation liegt jedoch darin, dem Zyklus der Geburten und Tode zu entkommen, denn sonst werden wir im Rad der Seelenwanderung immer weiter umherkreisen, je nach der Art des Lebens, das wir geführt haben. Der wahre Grund

Der Vorteil der Initiation besteht darin, daß wir die Gelegenheit erhalten, aus diesem Zyklus herauszukommen. Daher sagen die Heiligen, die Bedeutung der Initiation liege darin, daß wir das Karma auslöschen können, indem wir die Verbindung mit dem göttlichen Licht und Klang erhalten.

(Rajinder Singh wandte sich zwischendurch an die vielen ausländischen Besucher, die aus Indien, Australien, Afrika, Südamerika und Europa gekommen waren, und dankte ihnen auf sehr persönliche, liebevolle Weise für ihre Teilnahme an diesen spirituellen Gesprächen. Dann fuhr er fort:)

Wenn wir einmal erkannt haben, wie wichtig dieses Leben ist und daß wir etwas tun müssen, um uns in spiritueller Hinsicht zu entwickeln, dann sind wir auf dem richtigen Weg.

Die Heiligen und Mystiker sagen immer, wenn wir einen Schritt auf Gott zugehen, dann kommt uns Gott tausend Schritte entgegen. Doch diesen einen Schritt gehen wir erst dann, wenn Gott es will. Ein Schritt zu Gott...

Sant Darshan Singh sagte oft, daß Liebe zuerst vom Herzen des Geliebten ausgeht, daß es also Gott ist, der uns zieht. Doch dann müssen wir unsere Aufmerksamkeit auf Gott ausrichten, denn das Gemüt ist sehr stark und bindet uns an die verschiedensten Aktivitäten dieser Welt. Wir glauben dann, dies sei sehr wichtig und jenes auch, und wir verstricken uns in der Welt.

Was ist wirklich wichtig?

Der große Heilige Sant Kirpal Singh stellte sich nach dem Abitur die Frage, was für ihn das Wichtigste im Leben sei. Er ge-

Gott zuerst

langte zum Ergebnis: Gott zuerst, dann die Welt. Als er sich aber entschieden hatte, schaute er niemals mehr zurück.

Bei uns ist es anders: Es gibt so vieles zu tun, daß die Spiritualität auf unserer Prioritätenliste meistens unten steht, und da wir nicht einmal alles im oberen Teil dieser Liste erledigen können, gelangen wir niemals nach unten.

Doch das Leben vergeht, und die Zeit macht für keinen halt, ganz gleich ob wir Präsident oder König oder sonst etwas sind. Wir alle haben in diesem Leben nur eine begrenzte Zeit zur Verfügung.

Daher sagen alle Heiligen, daß wir keinen einzigen Augenblick verschwenden sollten, denn jeder einzelne ist kostbar, und wenn er einmal vorbei ist, ist er für alle Zeiten vergangen, und wir können ihn nicht mehr zurückholen. Sie sagen auch, daß wir in der Gegenwart leben müssen.

Was tun wir?

Aber was tun wir? Wir leben normalerweise in der Vergangenheit und reden über dieses oder jenes Problem. Wir fragen uns, warum es wohl aufgetaucht ist. Aber wenn wir es nicht verstehen, dann sollten wir es vergessen und uns keine Gedanken darüber machen, sonst geht uns noch mehr kostbare Zeit damit verloren, darüber nachzudenken.

Hier und Jetzt

Die großen Heiligen sagten immer, wir sollten uns über die Vergangenheit oder über die Zukunft keine Gedanken machen. Wir sollten zwar Pläne für die Zukunft schmieden, uns aber keine Sorgen machen. Wir sollten statt dessen den gegenwärtigen Augenblick nutzen und unsere Aufmerksamkeit auf Gott ausrichten.

Wir leben in dieser Welt. Unser Pfad, der Pfad von Sant Mat, ist kein Pfad der negativen Mystik. Wir müssen also unser Heim nicht verlassen und in einem Ashram oder einem Kloster rund um die Uhr meditieren, denn dann wären wir von jemandem abhängig.

Wir gehen einen Pfad der positiven Mystik; wir leben zwar in der Welt, doch unsere Aufmerksamkeit ist auf Gott ausgerichtet. Im Punjab gibt es das Sprichwort: «Unsere Hände bei der Arbeit, doch unser Herz beim Geliebten.» Wenn wir unseren täglichen Pflichten nachgehen, sollten wir dabei unsere Aufmerksamkeit stetig auf Gott ausgerichtet haben. Die großen Heiligen empfehlen uns deshalb auch immer, den Simran, also die fünf geladenen Namen, die wir bei der Initiation erhalten haben, zu wiederholen, so oft wir können. Denn dabei richten wir unsere Aufmerksamkeit auf Gott aus, und je öfter wir das tun, desto leichter werden wir unser Karma los.

<small>Simran</small>

Wenn wir uns nun zum Schluß fragen, warum wir eigentlich meditieren, so lautet die wichtigste Antwort: Es dient dazu, dem Zyklus der Geburten und Tode zu entkommen, damit wir endlich wieder in die Quelle eintauchen können, aus der wir alle gekommen sind, damit wir in die Reiche des ewigen Segens aufsteigen, damit wir immerwährenden Frieden erlangen und einen Zustand der beständigen Freude und Glückseligkeit.

5

Ist Spiritualität eine nachprüfbare Erfahrung?

Das folgende Interview wurde von Rajinder Singh im August 1993 während des «II. Parlaments der Weltreligionen» in Chicago gegeben.

Diese Zusammenkunft fand einhundert Jahre nach der ersten interreligiösen Begegnung im Rahmen eines «Parlaments der Weltreligionen» statt, das 1893 ebenfalls in Chicago tagte. Rajinder Singh war 1993 als einer der Hauptredner eingeladen. Sein Vortrag ist im Buch «A Parliament of Souls: In Search of Global Spirituality» («Ein Parlament der Seelen: Auf der Suche nach globaler Spiritualität») abgedruckt, das bisher nur auf Englisch erschienen ist. Das Gespräch wurde von einem Journalisten in Chicago geführt.

Spiritualität als Wissenschaft

Frage:
Willkommen, Sant Rajinder Singh. Sie lehren eine Meditationsmethode und sind der Leiter einer Organisation mit dem Namen «Wissenschaft der Spiritualität». Worin besteht der Zusammenhang zwischen Wissenschaft und Spiritualität?

Antwort:
Wir leben in einem wissenschaftlichen Zeitalter. Wir leben nicht in einem Zeitalter, in dem die Menschen aus blindem Vertrauen heraus etwas glauben. Heutzutage brauchen wir für alles, was wir glauben, einen Beweis, eine Erfahrung. In den Lehren von Sant Mat wird Spiritualität als eine Wissenschaft beschrieben. Deshalb nennen wir unsere Organisation so. Wir möchten nicht etwas glauben, bevor wir es selbst erleben, bevor wir eine nachprüfbare Erfahrung machen.

Beweise

Frage:
Eine Methode der Wissenschaft ist das Experiment. Wird in der Spiritualität ebenfalls experimentiert?

Antwort:
Die Methode der Spiritualität oder die Methode, wodurch wir uns selbst wirklich erkennen können, ist in der Tat ein Experiment. Es ist ein Experiment, eine Erfahrung, bei der wir uns über das physische Körperbewußtsein erheben. Es ist ein Experiment, das wiederholt werden kann und das uns bekannte Ergebnisse bringt, wenn wir beständig und exakt üben. Und genau das macht die Wissenschaft auch. Wir machen ein Experiment, und wir erhalten die Ergebnisse, die uns gezeigt wurden. Und auch die Spiritualität ist durch eine experimentelle Methode nachprüfbar.

Jenseits vom Körperbewußtsein

Frage:
Sie ist nachprüfbar?

Antwort:
Ja, sie ist nachprüfbar. Wir benützen den menschlichen Körper als Laboratorium. Wenn wir Physik oder Chemie studieren,

gehen wir in ein Labor und machen Experimente. Wir geben vielleicht eine Säure in ein Reagenzglas, und farbiger Rauch kommt heraus. Wir wissen, welche Art von Rauch und Farben wir erwarten können, je nachdem, was uns der Lehrer erklärt hat.

Körper als Labor

Gleichermaßen sind wir in der Lage, nach innen zu gehen, wenn wir meditieren. Wir können göttliches Licht und melodiöse Klänge in uns selbst erfahren. Für uns ist der menschliche Körper also ein Laboratorium, in dem wir experimentieren, um unser wahres Selbst zu entdecken, um unsere Seele zu entdecken, um zu erfahren, wer wir wirklich sind.

Frage:
Wozu? Ich meine, kann man nicht einfach ein gutes Leben führen? Wozu Meditation?

Antwort:
Die Menschheit hat seit dem Anbeginn der Schöpfung versucht, sich zu entwickeln. Deshalb gibt es überhaupt wissenschaftlichen Fortschritt und das Bemühen um Verbesserungen des Lebens, und daher gibt es die Wissenschaften. Wir versuchen, die Gesetze der Natur zu entdecken und zu verstehen. Wir wollen sogar herausfinden, woraus wir bestehen. Dem Menschen ist eine natürliche Neugierde angeboren, um herauszufinden, wer er überhaupt ist.

Suche nach Wahrheit

Unsere Wissenschaftler haben vor Jahren behauptet, das kleinste Teilchen sei das Atom, aber dann spalteten sie dieses Atom in Neutronen, Protonen und Elektronen. Heute behaupten sie, daß sogar diese Teilchen wiederum aus noch kleineren Teilchen bestehen, die sich sehr schnell bewegen. Der Mensch hat also die Neigung bzw. das Verlangen herauszufinden, wer wir sind.

Und der Mensch hat vom ersten Tag an versucht zu erkennen, wer er wirklich ist. Sind wir dieser Körper, oder gibt es etwas jenseits des Körpers?

Frage:
Warten Sie, ich möchte noch einmal einen Schritt zurückgehen. Sie sagen, Spiritualität sei nicht irrational.

Antwort:
Spiritualität ist wirklich nicht irrational. Spiritualität ist ein logischer Prozeß, den man durchdenken kann, den man festhalten kann und den man selbst durch Experimentieren erfahren kann.

Frage:
Warum verwenden Sie den Begriff Spiritualität und nicht Religion?

Antwort:
Die Weltreligionen sind entstanden, nachdem ein großer Heiliger oder Mystiker in diese Welt gekommen ist und alle um ihn herum aufgefordert hat, sich selbst und Gott zu erkennen.   Welt-Religionen

Spiritualität geht insofern über die Religionen hinaus, als sie ein Mittel ist, durch das wir uns selbst wirklich erkennen können und durch das wir eine wirkliche Verbindung zu Gott, zum Allmächtigen, finden können.

Es mag Menschen geben, die nicht religiös, aber dennoch spirituell sind – in dem Sinne, daß sie versuchen, sich selbst zu erkennen und Gott zu erfahren. Spiritualität hat also mit eigenen mystischen Erfahrungen zu tun, auf denen alle Religionen und heiligen Schriften gründen.

Man kann Meditation als eine wissenschaftliche Methode erlernen, ganz gleich, in welche Religion man hineingeboren wurde – selbst, wenn man gar keiner Religion angehört.

Frage:
Sie versuchen also nicht, mich zu irgend etwas zu konvertieren?

Antwort:
Nein, wir halten nichts von Konversion. Statt dessen glauben wir an Inversion, an ein Nach-innen-gehen.   Inversion

Frage:
Was verstehen Sie unter dem Begriff Inversion?

Ist Spiritualität eine nachprüfbare Erfahrung?

Antwort:
Wir sollten nach innen gehen, weil das Schatzhaus der Göttlichkeit in uns selbst liegt. Um uns selbst erkennen zu können, müssen wir verstehen, wer wir wirklich sind.

Äußerlich sind wir nur dieser Körper. Wenn wir aber jemanden sterben sehen, sehen wir den Körper vor uns liegen. Und dieser Körper ist genau derselbe, wie er war, bevor derjenige gestorben ist. Die Arme sind vorhanden, die Beine, die Augen, die Nase, der Mund. Aber der Verstorbene kann weder sehen noch hören noch sprechen noch aufstehen oder gehen. Wenn wir daher nur der Körper sind, was fehlt dann dem toten Körper, so daß er nichts mehr tun kann?

Das wahre Selbst

Das, was fehlt, ist das wahre Selbst, der Geist oder die Seele, die uns das Leben verleiht. Und das Wissen unseres Selbst, unserer Seele, entdecken wir, wenn wir nach innen gehen. Daher bleiben alle, welche die Meditation praktizieren, wie sie von der Wissenschaft der Spiritualität gelehrt wird, in ihrer eigenen Religion. Wer ein Christ ist, versucht, ein guter Christ zu sein. Ist der Betreffende ein Hindu, versucht er, ein guter Hindu zu sein. Als Moslem bemüht er sich, ein guter Moslem zu sein. Wenn er ein Jude ist, versucht er ebenfalls, ein guter Jude zu sein. Ein Sikh bemüht sich, ein guter Sikh zu sein, ein Buddhist oder Jain ein guter Buddhist oder Jain usw.

Frage:
Aber entstehen dadurch nicht tiefere Konflikte untereinander?

Antwort:
Nein, wirklich nicht. Wenn man nämlich jede beliebige Religion betrachtet, so gibt es immer zwei Seiten darin. Jede Religion hat eine äußere oder exoterische Seite, aber es gibt auch eine innere oder esoterische Seite jeder Religion. Die exoterische Seite befaßt sich mit äußeren Riten und Ritualen.

Riten und Rituale

In einer bestimmten Art von Kirche oder Tempel gibt es eine bestimmte Art der Verehrung, in einer anderen dagegen eine andere Art der Verehrung. Sogar innerhalb ein und derselben Religion kann es in verschiedenen Teilen der Welt Unterschiede in der Art der Verehrung geben. Dies ist zurückzuführen auf

Unterschiede in der Kultur oder auf die Gegend, wo diese Religionen entstanden sind oder verbreitet wurden.

    Wenn wir aber davon sprechen, uns selbst zu erkennen, wenn wir über unsere eigene Existenz als Teil Gottes sprechen, dann ist es genau die mystische Erfahrung, die spirituelle Erfahrung, die esoterische Seite der Religion, worüber wir sprechen.

<small>Kern der Religion</small>

Frage:
Ist das nicht eine selbstsüchtige Erfahrung?

Antwort:
Nein, sicherlich nicht. Wir leben in einem Zeitalter, in dem wir nicht nur uns selbst, sondern auch anderen helfen wollen. Wir möchten in einer Gemeinde leben, wo Frieden und Harmonie herrschen.

    Die esoterische Seite jeder Religion gründet auf mystischen, spirituellen Erfahrungen, wie sie die großen Heiligen und Mystiker lehren. Wir können die Schriften nahezu aller Weltreligionen durchsehen und werden darin viele mystische, spirituelle Erfahrungen finden. Wenn zum Beispiel der Heilige Paulus in der Bibel sagt: «Ich sterbe täglich», dann meint er nicht den physischen Tod, sondern spricht vom Übersteigen des physischen Körperbewußtseins und der Erfahrung der Seele, des inneren Selbst.

<small>«Ich sterbe täglich»</small>

Frage:
Ich trage in mir ein Bild, das mich traurig stimmt, nämlich die Vorstellung von einem meditierenden Menschen, der sein ganzes Leben in Meditation verbringt, während die äußere Welt in Not ist und nach Hilfe ruft. Wie stehen Sie dazu?

Antwort:
Genau aus diesem Grund folgen wir einem Meditationsweg, der kein Pfad der negativen Mystik ist. Bei der negativen Mystik verleugnet man die Welt.

Frage:
Und läßt die Welt hinter sich?

Antwort:
Ja, man würde die Welt hinter sich lassen. Man würde sich ans Ufer eines Flusses oder in die Berge zurückziehen, und man wäre von den anderen Menschen abgeschnitten. Aber davon halten wir nichts.

Wir glauben an das, was Sant Darshan Singh als Pfad der positiven Mystik bezeichnet hat. Unser Pfad ist ein Weg, auf dem wir alle weltlichen Verpflichtungen erfüllen. Wir bleiben in unserer Gesellschaft, wir bleiben in unserer Religion, in unserer Gemeinschaft.

Und zusätzlich zu unseren täglichen Aktivitäten und Verpflichtungen nehmen wir uns Zeit für Gott.

Prioritäten

Wir brauchen eine Prioritätenliste. Wir haben das Gefühl, daß es wirklich wichtig ist, uns selbst und Gott zu erkennen. Und aus diesem Grund nehmen wir uns täglich ein paar Stunden Zeit dafür und widmen sie der Meditation, weil die Vorteile, die wir dadurch erhalten, so gewaltig sind, daß sie uns Frieden, Harmonie, Freude und Glückseligkeit bringen. Diese Qualitäten können wir dann auch auf das Leben anderer Menschen ausstrahlen.

Frage:
Gibt es eine bestimmte Art zu meditieren?

Antwort:

Meditation am 3. Auge

Unsere Methode wird als Meditation auf das göttliche Licht und den göttlichen Klang bezeichnet. Der Vorgang ist sehr einfach. Bei unserer Methode sammeln wir unsere Aufmerksamkeit am sogenannten Sitz der Seele hinter und zwischen den beiden Augenbrauen.

Wir suchen uns für die Meditation einen ruhigen Platz, wir schließen sehr sanft unsere Augen und stellen sicher, daß unsere Augäpfel geradeaus nach vorne gerichtet sind. Und dann versuchen wir, unsere Sinnesströme zurückzuziehen.

Frage:
Sie ziehen die Sinnesströme zurück?

Antwort:
Ja, wenn wir in dieser Welt handeln, dann agieren wir durch einen unserer fünf Sinne. Diese fünf Sinne sind Sehen, Hören, Riechen, Schmecken und Tasten. Solange unsere Aufmerksamkeit, der äußere Ausdruck unserer Seele, in die äußere Welt gerichtet ist, geht sie durch einen oder mehrere dieser Sinne hinaus.

Damit wir wirklich nach innen gehen und das Göttliche in uns entdecken können, müssen wir unsere sensorischen Ströme oder Sinnesströme zurückziehen. Und wenn wir das tun, sind wir in der Lage, sie am sechsten Chakra oder Körperzentrum zu sammeln.

Das 6. Chakra

Dieser Punkt heißt auch drittes Auge oder Einzelauge. Sobald sich unsere Sinnesströme zum dritten Auge erhoben haben, erreichen wir den Punkt, der sich in andere Regionen öffnet. Diese Bereiche sind spiritueller Natur.

Frage:
Spielen Sie nicht einfach ein Spiel mit ihrem Gemüt?

Antwort:
Sicherlich nicht. Wir spielen kein Spiel, weil dies eine nachvollziehbare Erfahrung ist, die jeder machen kann. Tatsächlich ist es so, daß unser Gemüt, sobald wir die Augen schließen, um zu meditieren, versucht, uns davon abzuhalten, nach innen zu gehen. Unser Gemüt wird uns mit vielen Gedanken überfallen, sogar über Dinge, an die wir niemals zuvor gedacht haben. Unser Gemüt möchte von sich aus nicht, daß wir uns selbst erkennen.

Wenn wir daher in der Lage sind, unsere Sinnesströme zurückzuziehen und am dritten Auge zu sammeln, kommen wir mit dem göttlichen Licht und Klang in Verbindung. Dies ist dasselbe Licht und derselbe Klang, der in den verschiedenen Schriften mit unterschiedlichen Namen bezeichnet wird. In der heiligen Bibel heißt es das Wort, in den Schriften der Sikhs wird es als Naam oder Shabd bezeichnet. Die Veden nennen es Jyoti und Shruti, in den Upanishaden heißt es Naad, in den Schriften der Moslems Kalma. All dies sind Bezeichnungen für das gött-

Göttliches Licht

liche Licht und den göttlichen Klang, und wir können dies in uns selbst erfahren. Ähnliche Aussagen können wir in den Schriften aller Religionen finden.

Der Vorgang der Meditation befähigt den Praktizierenden, die Existenz des göttlichen Lichtes und Klanges zu überprüfen und zu beweisen.

Frage:
Im Westen hören wir sehr viel über die gesundheitlichen Vorteile der Meditation. Sie sagen, daß wir aber auch aus einem anderen Grund meditieren sollten als nur wegen gesundheitlicher Vorteile.

Antwort:
Es gibt zahlreiche günstige Wirkungen dieser Meditation, aber der wichtigste ist die spirituelle Entwicklung.

Streß

Daneben erhalten wir tatsächlich auch sehr viele andere Vorteile: Wenn wir so meditieren, werden wir in erster Linie entspannter. Der Streß und die Spannungen in unserem Leben schwinden. Meditation ist auch eine andere Bezeichnung für Konzentration. Wenn wir also meditieren, nimmt unsere Konzentrationsfähigkeit zu. Wir können uns viel besser konzentrieren und sind in all unseren Bemühungen im Leben erfolgreicher.

Meditation hat auch zahlreiche gute Auswirkungen auf unsere zwischenmenschlichen Beziehungen. Wenn wir unter Streß stehen und uns ein paar Minuten zur Meditation setzen, hilft uns dies wirklich, mit unserer Umgebung besser umzugehen.

Frage:
Gibt es einen Unterschied zwischen Gebet und Meditation?

Gebet

Antwort:
Meditation ist die höchste Form des Gebets. Wenn wir beten, bitten wir Gott normalerweise um etwas.

Frage:
Ich denke dabei an eine Bitte oder etwas Ähnliches.

Antwort:
Ja, es ist eine Bitte an Gott, sehr oft, um etwas für uns selbst zu erhalten. Im Gebet sprechen wir zu Gott. Wenn wir aber meditieren, bitten wir Gott, uns zu erleuchten. Dies ist der höchste Schatz, den wir finden können. All das, worum wir beten – sei es um ein neues Haus, ein neues Auto oder eine Beförderung im Beruf – sind Dinge dieser Welt und daher vergänglich; wir müssen sie zum Zeitpunkt unseres Todes zurücklassen.

Das höchste Gebet

Wenn wir aber Erleuchtung erlangen können, wenn wir erkennen können, wer wir wirklich sind, dann wird uns dieser Gewinn für immer bleiben. Meditation ist daher die höchste Form des Gebets – in der Meditation hören wir Gott zu. Wir empfangen dann das, womit uns Gott segnen möchte.

Frage:
Sie verwenden den Begriff Gott. Was verstehen Sie darunter?

Antwort:
Unter Gott verstehe ich die schöpferische Kraft, den Einen, der das gesamte Universum erschaffen hat, den Einen, der die ganze Schöpfung ins Leben gerufen hat. Wir können Ihn mit irgendeinem Namen bezeichnen. Wir können Ihn Allah nennen, Gott, Wahe-Guru – oder mit irgendeinem anderen Namen bezeichnen.

Gott

Frage:
Ist dies für alle Menschen gleichermaßen zugänglich?

Antwort:
Gott ist für alle gleichermaßen zugänglich, weil Er in jedem einzelnen von uns ist. Alles, was wir tun müssen, ist, nach innen zu gehen. Wenn wir nach innen gehen und uns mit dem göttlichen Licht und Klang verbinden, werden wir umgewandelt.

Und wenn wir als einzelne umgewandelt sind, werden sich auch unsere Familien ändern, dann unsere Nachbarschaft, später die Gemeinde, danach das Land und schließlich wird die ganze Welt transformiert.

Wir glauben daher, wenn wir einmal Frieden in uns selbst gefunden haben, wird er sicherlich von uns auf andere ausstrahlen und nicht nur unsere unmittelbare Umgebung verwandeln, sondern eine Auswirkung auf die gesamte Erde haben.

6

Was haben Wissenschaft und Mystik gemeinsam?

Was ist die innere Wahrheit aller Religionen?

Rajinder Singh am 4. Juli 1995 an der Universität Tübingen.

Wie sehen Wissenschaftler und Mystiker die Welt?

Einheit

Wenn wir über Einheit sprechen, stellen wir fest, daß wir Menschen verschiedene Sprachen entwickelt haben, um entsprechend den Erfordernissen der Zeit miteinander kommunizieren zu können. Es gibt viele Worte, um dasselbe Objekt bzw. Phänomen zu beschreiben. So wird beispielsweise ein Ozean oder das darin enthaltene Wasser in den verschiedenen Sprachen unterschiedlich bezeichnet: Wasser, aqua, water oder bani. Diese Namen haben wir erfunden, um die kühlende Flüssigkeit des Ozeans oder des Regens usw. zu identifizieren. Wasser ist aber nicht nur eine Flüssigkeit, sondern hat noch andere Aggregatzustände wie Eis oder Dampf.

Wenn die Wissenschaftler Wasser untersuchen und analysieren, betrachten sie die molekulare Struktur. Sie erklären uns, daß Wasser aus einem Teil Sauerstoff und zwei Teilen Wasserstoff besteht, also aus Gas, das in Kombination eine Flüssigkeit ergibt. Die Wissenschaft verwendet Instrumente und führt Messungen durch, und dann wird eine Theorie aufgestellt, die für die Wirklichkeit gehalten wird, wenn sie sich mehrmals bewahrheitet.

Wenn wir nun einem Mystiker Wasser reichen, wird er es trinken, er wird es erfahren wollen, er wird damit seinen Durst stillen. Wissenschaft und Mystik sind daher zwei verschiedene Methoden, um die Natur zu verstehen. Die Wissenschaft betrachtet das Leben aus dem Blickwinkel der Materie, aus der diese Welt besteht.

Geist und Materie

Demgegenüber versuchen Mystiker, Erleuchtete, Heilige und Seher, die Welt zu erfahren, und zwar durch den Geist. Sie sind der Ansicht, daß die Antworten auf die Mysterien des Universums nicht in der Materie liegen, sondern in der Quelle, aus der die Materie entstand. In den letzten zweitausend Jahren haben sich diese beiden Bereiche in unterschiedliche Richtungen entwickelt.

Wenn wir aber die Ergebnisse betrachten, die besonders in diesem Jahrhundert erzielt wurden, stellen wir fest, daß Wissenschaft und Mystik nun zu einer ähnlichen Auffassung über die

Entstehung der Schöpfung und unsere Beziehung zum Schöpfer gelangt sind.

Was ist das gemeinsame Ziel?

Wissenschaft und Mystik haben ein gemeinsames Ziel, nämlich die Schöpferkraft zu suchen und unser wahres Selbst zu erkennen. In der Mystik geht es darum, die Antworten auf die Frage zu suchen, welche Beziehung uns Menschen mit Gott verbindet.
 In Objekten, die wir selbst geschaffen haben, finden wir Schönheit, Beständigkeit, Harmonie. Wenn aber das Objekt zerbricht, entstehen Disharmonie und Schmerz, die Atmosphäre ist nicht mehr friedvoll. Wir Menschen haben eine uns angeborene Neigung zu Frieden. Doch unsere Umgebung versetzt uns in einen Zustand, in dem wir nicht in Harmonie und Frieden leben können.
 Um nun einen Zustand des Friedens zu erreichen, müssen wir die äußeren Hüllen, die uns umgeben, durchbrechen und unser wahres Selbst entdecken. Wenn wir einmal unser wahres Wesen erkannt haben, verstehen wir auch unsere Beziehung zu Gott.

Mystik

Die Wissenschaft versucht zu erforschen, wie alles funktioniert. So haben wir im medizinischen Bereich entdeckt, wie unser Körper funktioniert und wie unsere Organe wieder in Ordnung gebracht werden können.
 Im intellektuellen Bereich haben wir viel unternommen, um zu verstehen, wie unser Gehirn funktioniert. Im physischen und mentalen Bereich haben wir uns also großartig entwickelt. Die Wissenschaft ist bemüht, die kleinsten Teilchen der Materie herauszufinden, auf denen alles aufgebaut ist.
 Zu meiner Studienzeit – ich habe Ingenieurwesen studiert – waren die kleinsten bekannten Teilchen Moleküle, die aus Atomen, Elektronen, Neutronen und Protonen bestehen. All dies wurde für feste Materie gehalten. Die neueste Theorie hingegen erklärt uns, daß auch die Neutronen und Protonen aus noch kleineren Teilchen bestehen, aus zwölf Quarks – tanzenden Energiebündeln. Sie schwingen so schnell, daß sie die Wissenschaft

Wissenschaft

Energie   trotz ihrer Instrumente für fest hielt. Aber mit den verbesserten Möglichkeiten, subatomare Strukturen zu untersuchen, wissen wir inzwischen, daß sie ihrem Wesen nach Energie sind. Manche Wissenschaftler sprechen davon, daß diese Energie Licht und Klang aussendet.

Schwingung   Es ist interessant, daß die großen Mystiker und Heiligen vor Tausenden von Jahren bereits dasselbe erwähnten. In allen Schriften unserer Religionen heißt es, daß die gesamte Schöpfung schwingt. Sie schwingt durch das heilige Wort oder Naam oder Shabd, das tönende Licht, die ungespielte Melodie. Es ist eine Schwingung, die durch den Schöpfer in Gang gesetzt wurde, und daraus entstand die gesamte Schöpfung.

Wir erleben heutzutage, daß die Wissenschaft bestätigt, was Heilige und Mystiker sagen. So leben wir in einem sehr aufregenden Zeitalter, in dem Wissenschaft und Mystik keine unterschiedlichen Antworten geben, sondern in dieselbe Richtung weisen.

Wonach sehnen wir uns im Leben?

Suche nach Einheit   In unserem Leben sehnen wir uns alle nach Einheit und Frieden. Wir fühlen uns friedvoll, wenn in unserer Familie Harmonie vorherrscht, wenn wir uns mit Freunden derselben Wellenlänge treffen. Wenn aber Zwietracht besteht, sind wir unruhig. In der Einheit sind wir glücklich und zufrieden. Warum suchen wir alle nach Einheit? Es ist die allem zugrundeliegende Einheit Gottes, die sich in jedem befindet und die uns Frieden schenkt, die wir suchen.

In all unseren Schriften ist davon die Rede, daß Gott zu Beginn ganz allein war – Er war eins. Und diese Einheit gibt uns Beständigkeit.

In der Bibel steht z.B.: «Am Anfang war das Wort, und das Wort war bei Gott, und Gott war das Wort.» (Joh. 1,1) Gott und das heilige Wort wurden von den großen Heiligen und Mystikern als eins bezeichnet.

Wie die Schöpfung entstand

Unter Gottes Willen, durch die liebevollen Hände Gottes, entstand die gesamte Schöpfung. Die beiden ursprünglichen Manifestationen Gottes, das göttliche Licht und der göttliche Klang, erschufen verschiedene Seinsebenen. Gott trennte dann Teile von sich selbst, die wir Seelen nennen. Sie wurden in diese Ebenen ausgeschickt. In jeder Ebene erhielten sie eine Hülle oder Schicht. So haben wir in dieser physischen Welt zum Beispiel den physischen Körper, mit dem wir hier bestehen, wirken und mit anderen in Verbindung treten, und zwar durch das System der Sinne – durch Sehen, Hören, Riechen, Schmecken und Tasten.

Auch die Wissenschaft kam zu demselben Ergebnis wie die Heiligen, als sie untersuchte, wie diese Schöpfung entstand. Verschiedenste Theorien erklären, was unmittelbar nach Erschaffung dieser Welt geschah. Die Urknalltheorie beschreibt, daß unvorstellbare Mengen an Licht und Klang hervorbrachen. Dies entspricht genau den Aussagen der Heiligen und Mystiker, wonach die Schöpfung durch die Gotteskraft, durch die beiden ursprünglichen Manifestationen Gottes, Licht und Klang, entstand.

Urknalltheorie

Die Wissenschaft geht davon aus, daß wir die Sinne einsetzen müssen, um die Natur, die Schöpfung verstehen zu können. Wenn wir zum Beispiel zur Schule gehen, lernen wir Sprachen und beginnen, miteinander zu kommunizieren. Wir benutzen unseren Gesichtssinn, um die Welt um uns herum zu sehen. Wir bedienen uns des Geruchssinnes, um die einzelnen Düfte zu unterscheiden usw. Durch unsere Sinne erkennen wir die unterschiedliche Beschaffenheit der Objekte der Welt. Darauf basieren die Untersuchungen der Naturwissenschaften.

Wenn wir aber alles auf der Ebene der Sinne erfassen wollen, verbleiben wir immer auf der physischen Ebene, denn diese Sinne haben nur den Zweck, mit anderen in dieser Welt in Verbindung zu treten.

Ebene der Sinne

Was haben nun die Heiligen und Mystiker getan? Sie gingen über den Bereich der Sinne hinaus, um Gott zu erkennen. Zu jeder Zeit gaben sie Methoden weiter, durch die man sich über das physische Körperbewußtsein erheben und Bereiche erfahren konnte, die jenseits des Physischen liegen.

Andere Erfahrungen

Die Schriften aller Heiligen und Mystiker sind voll von diesen Erfahrungen, die sich jedoch von den Erfahrungen auf der physischen Ebene stark unterscheiden. Die großen Heiligen und Mystiker verwendeten Vergleiche, Symbole und Bilder der physischen Welt, um die ätherischen Regionen in uns und die Erfahrungen in diesen Regionen zu beschreiben.

Wie finden wir unser wahres Selbst?

Wenn wir die Hüllen, die unsere Seele bedecken, entfernen, gelangen wir zu unserem wahren Selbst, dem Geist oder der Seele hinter unserem Körper.

Wenn wir uns einmal von der Ebene des Geistes aus erfahren, sind wir mit Freude, Glückseligkeit und Frieden erfüllt, und zwar nicht nur für die Zeit, in der wir uns über das Körperbewußtsein erhoben haben, sondern diese Erfahrungen bleiben uns auch noch lange Zeit danach.

Ein höherer Standpunkt

Wenn wir die Welt von einem höheren Standpunkt aus betrachteten, würden wir erkennen, daß wir alle Seelen sind, die in einem Meer der Liebe dahintreiben und von einem Körper zum anderen wandern.

Dabei kommen wir jedoch Gott nicht näher. Die großen Heiligen und Mystiker sprachen nun über Möglichkeiten der Inversion, der Konzentration, der Meditation, durch die wir uns über das physische Körperbewußtsein erheben und die ätherischen Regionen betreten können, Regionen des Lichts, Regionen voll von lieblichen Harmonien und Klängen, Regionen, die unsere Seele in höhere Bewußtseinszustände erheben, bis wir den Zustand der Allbewußtheit erreichen.

Dabei werden alle Hüllen aus Gemüt, Materie und Illusion abgelegt, so daß wir unsere ursprüngliche Schönheit entdecken und uns in einem Zustand völliger Bewußtheit befinden, in einem Zustand, in dem wir voller Frieden und Glückseligkeit sind. Dies ist die Einheit, die wir alle in uns tragen.

Was ist die esoterische Seite der Religionen?

Jede Religion hat zwei Seiten: die esoterische oder innere Seite und die exoterische oder äußere Seite. Die esoterische Seite befaßt sich mit unserer Seele, mit unserem Geist, mit der Frage, wie sich unsere Seele mit der Gotteskraft verbinden kann, wie wir mit dem Schöpfer eins werden. Dieser Bereich ist bei allen Religionen gleich, es ist der verbindende Teil unserer Religionen.

Denn alle Religionen gründen auf den Lehren eines Propheten, der eins mit dem Schöpfer war, der eine Erfahrung Gottes hatte, der seine Schüler lehrte, sich ebenfalls mit Gott zu verbinden. Diese Methode, mit Gott eins zu werden, wurde jedoch nur mündlich weitergegeben.

Mit Gott eins werden

Nachdem der jeweilige Prophet die Erde verlassen hatte, entstand die äußere oder exoterische Seite unserer Religionen. Je nach den Riten oder Ritualen haben wir unterschiedliche äußere Merkmale, doch die innere oder esoterische Seite ist für alle Religionen gleich.

Diese innere Seite befaßt sich nämlich damit, nach innen zu gehen, sie befaßt sich mit den Methoden, die die großen Heiligen und Mystiker anwandten, um sich über das physische Körperbewußtsein zu erheben, und sie ist das Verbindende all unserer Religionen.

Nur die äußere Seite, die sich mit den Riten und Ritualen beschäftigt, ist unterschiedlich. Die Hochzeitszeremonie ist zum Beispiel in den einzelnen Religionen verschieden. Die Art und Weise, wie wir unsere Stätten der Gottesverehrung betreten, ist unterschiedlich. So wird entweder erwartet, die Schuhe auszuziehen und den Kopf zu bedecken, an anderen Orten wird man ohne Schuhe und mit Kopfbedeckung nicht eingelassen. Dies sind nur äußere Zeichen.

Gottesverehrung

Wenn wir aber tief in unsere Religionen und Glaubensrichtungen vordringen, werden wir feststellen, daß sie alle auf der esoterischen Seite, der inneren Seite beruhen, die auf die Erfahrungen der großen Heiligen und Mystiker zurückgeht.

Was haben Wissenschaft und Mystik gemeinsam?

Wir sind alle mit den äußeren Riten und Ritualen unserer Religion vertraut. Doch wie viele kennen ihre esoterische Seite? Um das Wissen der Seele zu erlangen, ist es wie in jedem anderen Fach wichtig, die richtige Ausbildung und einen erfahrenen Lehrer oder Führer zu haben und die richtigen Techniken anzuwenden.

Kann man die Existenz der Seele erfahren?

Spirituelle Technik

Die Entwicklung unserer Seele ist eine spirituelle Erfahrung, die jeder selbst machen kann, wenn er einmal die Technik gelernt hat, sich über das physische Körperbewußtsein zu erheben. Diese Techniken waren zu allen Zeiten zugänglich, weil die großen Heiligen und Mystiker stets über die Verbindung unserer Seele mit dem Schöpfer sprachen. Sie alle legten Wert darauf, nach innen zu gehen, weil sich das Schatzhaus der Göttlichkeit in uns befindet.

Wenn wir also die richtige Technik lernen und uns über das Körperbewußtsein erheben, indem wir unsere Sinnesströme zurückziehen und am Sitz der Seele, am Dritten Auge oder Einzelauge, sammeln, werden wir von der physischen Ebene zu den spirituellen Regionen erhoben.

Wir erfahren ein unbeschreiblich strahlendes Licht, wir erfahren die himmlische Melodie, die uns in einen Zustand der Glückseligkeit und Freude versetzt.

Guru Nanak

Guru Nanak sagte:

Die Berauschung von Naam oder Shabd
oder des Heiligen Wortes
möge Tag und Nacht bei uns sein.

Wenn wir nach innen gehen, werden wir von göttlicher Liebe berauscht sein, bis jede Pore unseres Körpers voll von göttlicher Liebe ist. In diesem Zustand der Berauschung vergessen wir die Schmerzen, Sorgen und Schwierigkeiten des Lebens und erlangen einen Zustand ewigen Friedens.

Diese Erfahrung des Göttlichen in uns macht uns nicht nur friedvoll, sondern die Liebe Gottes strahlt auch von uns auf andere aus.

Der große Heilige Sant Darshan Singh sagte in einem seiner Verse:

Die ganze Schöpfung
lernte ich innig lieben,
denn Deine Botschaft der Liebe
ist das wahre Wesen meines Lebens.

Wie können wir uns wandeln?

Wenn wir uns mit dieser Gotteskraft in uns verbinden, werden wir von innen her umgewandelt, und zwar nicht weil wir etwas gelesen oder gehört haben, sondern weil wir selbst diese Erfahrung gemacht haben. Und diese Umwandlung berührt auch unsere Ehepartner, unsere Eltern, Kinder, Geschwister, Verwandte, Freunde, unsere Mitarbeiter, unsere Gesellschaft. Sind erst einmal einzelne Personen umgewandelt, wandeln sich Familien; diese Familien verändern die Gesellschaft, die die Transformation wiederum in die Gemeinden trägt; die Gemeinden verwandeln Länder, und diese werden ganz bestimmt die ganze Welt verändern. Dann wäre unsere Welt ein Paradies auf Erden.

<small>Innere und äußere Wandlung</small>

Aber all dies beginnt bei uns. Wir müssen zuerst in uns Frieden und Einheit finden, wir müssen erkennen, daß wir ein Teil Gottes sind, daß wir Seele und völlig bewußt sind, und als Teil Gottes sind wir voller Licht, mit göttlicher Liebe erfüllt. Diese Erfahrung müssen wir alle selbst machen, und die Einheit dieser Erfahrung des Göttlichen überschreitet die Schranken der Religionen; sie befindet sich im Herzen jeder Religion, denn diese Erfahrung gründet auf der esoterischen Seite unserer Religion, die bei allen Religionen gleich ist.

<small>Erfahrung des Göttlichen</small>

Wenn wir uns mit dem göttlichen Licht und Klang verbinden, werden wir in eine Atmosphäre des Friedens und der Ruhe erhoben. Sanfte Worte gleiten von unseren Lippen, und Zärtlichkeit wird zu einem Teil all unserer Handlungen. Liebe und Anmut fließen aus unseren Augen. Und wenn wir anderen Lebewesen begegnen, nehmen wir sie nicht als von uns verschieden wahr, weil wir das göttliche Licht in ihnen erkennen. Wenn wir das göttliche Licht in uns sehen, erkennen wir es auch in allen anderen.

Wie können wir Trennung überwinden?

In unserem Leben haben wir viele Wände um uns herum aufgebaut. Wir sind getrennt durch verschiedene Länder, verschiedene Religionen, durch soziale Strukturen, durch unsere Bildung. Wenn wir uns aber einmal über den physischen Körper erheben, werden all diese Wände niedergerissen, weil unsere Aufmerksamkeit auf den spirituellen Bereich ausgerichtet ist.

Alle großen Heiligen und Mystiker haben uns aufgefordert, diesen Zustand zu erlangen.

Sant Darshan Singh sagte dazu in einem seiner Verse:

> *Deine Zecher sind durch*
> *Tempel und Moscheen getrennt,*
> *entferne die Schranken, die sie trennen,*
> *o Mundschenk.*

Wir alle sind Liebende Gottes, als Seele sind wir Teile Gottes; Er ist unser ewiger Geliebter, und wir sind seine Liebenden, und daher sind wir alle «Zecher» der Liebe Gottes. Wenn wir uns über den physischen Körper erheben, schwinden diese Barrieren, die uns voneinander trennen. Wir erkennen die Einheit in uns allen, wir erkennen, daß wir alle Brüder und Schwestern in Gott sind, daß wir alle Teil der großen Familie des Schöpfers sind.

Diese Einheit ermöglicht uns dann ein erfülltes Leben. Sie lenkt unser Leben in die richtige Richtung, wie Gott es für uns wollte. Ob wir Gott nun als Paramatma oder Wahe-Guru oder

Allah oder Jehovah oder mit irgendeinem anderen Namen bezeichnen – es ist der Schöpfer, nach dessen Willen alles in dieser Welt geschieht.

Wenn wir einmal mit dem Schöpfer im Einklang sind, wenn wir einmal das Göttliche in uns erfahren, empfinden wir Frieden, Liebe, Harmonie, Glückseligkeit in jedem einzelnen Augenblick unseres Lebens. Diese Einheit müssen wir selbst erlangen, und dann erreichen wir das Ziel, weshalb wir alle in diese Welt gekommen sind.

Einklang mit Gott

Ich bete zum allmächtigen Gott, jedem einzelnen zu helfen, diese Einheit mit dem Schöpfer zu erlangen. Gott befindet sich in jedem von uns, wir brauchen Ihn nur zu finden. Wenn wir nach innen gehen, werden wir uns in unserem wahren Zustand erkennen.

Wissenschaft und Mystik weisen uns in die richtige Richtung und erklären, wie wir nach innen gehen und uns selbst erkennen können. Zu diesem Zweck entstanden auch die Religionen. Diese Einheit in unserer Religion müssen wir selbst erkennen. Und ich bete zu Gott, daß wir sie alle in diesem Leben erreichen, damit wir nicht in einer anderen Form wieder zurückkehren müssen. Verschwenden wir diese goldene Gelegenheit nicht, nützen wir sie, so daß wir uns selbst und Gott erkennen können.

Einheit der Religionen

7

Was können wir selbst für unsere Zukunft im neuen Jahrtausend tun?

Meditationsanleitung

In einer Ansprache anläßlich des 50. Jahrestages der Vereinten Nationen im Oktober 1995 im Rahmen der offiziellen Feierlichkeiten vor viertausend Persönlichkeiten des religiösen, politischen und sozialen Lebens in der New Yorker Kathedrale «St. John The Divine» ging Rajinder Singh sehr praktisch auf die brennende Frage ein, was der einzelne tun kann und soll, um eine bessere Zukunft zu schaffen.

Am selben Ort wurde er im Sommer 1997 bei einer Feierstunde für die «NGOs» (Nicht-Regierungs-Organisationen bei den Vereinten Nationen) auch für seinen herausragenden Einsatz für Weltfrieden, spirituelle Bildung und Meditation ausgezeichnet und traf mit dem derzeitigen UN-Generalsekretär zusammen.

Liebe Brüder und Schwestern, heute haben wir uns aus allen Teilen der Welt an einem Wendepunkt der Zeit versammelt. Wir treffen uns, um über die vergangenen fünfzig Jahre Vereinte Nationen nachzudenken, sie zu feiern und um eine Vision für das 21. Jahrhundert zu haben. Ich entbiete den Vereinten Nationen meine Glückwünsche zu ihrem goldenen Jahrestag.

Fünfzig Jahre organisierter Dialog zwischen den Nationen der Welt ist eine großartige Leistung. Wir feiern diesen goldenen Jahrestag der Vereinten Nationen am Ende eines Jahrtausends, in dem der technische Fortschritt die Kommunikation weltweit sehr vereinfacht hat.

50 Jahre UNO

Der Weiterbestand der Vereinten Nationen spiegelt den wachsenden Wunsch der Menschheit nach dauerhaftem Frieden auf unserem Planeten wider. Jedes Mitglied unserer Gesellschaft trägt deshalb seinen Teil der Verantwortung zum Erlangen eines globalen Friedens bei.

Schließen wir uns zusammen, erheben wir uns über das, was uns trennt, und geben wir den Vereinten Nationen und allen Menschen einen Kurs vor, der die größten Hoffnungen der Menschheit zum Ausdruck bringt!

Wenn wir dies tun, wird die Nachwelt auf diesen Zeitpunkt blicken und feststellen, daß wir Führungspersönlichkeiten waren, die die Menschheit in ihrer Entwicklung inspiriert, zu einem höheren Bewußtseinszustand geführt und einem geschundenen Planeten Frieden gebracht haben.

Diese Umwandlung kann in vier Schritten geschehen:

– Zuerst ist eine inspirierende Vision des neuen Jahrtausends erforderlich.
– Zweitens müssen wir, von dieser Inspiration bewegt, die Vision leben.
– Drittens muß jeder einzelne von uns die Vision in unseren Ländern, Religionen, Organisationen und in unserem Wirkungskreis verbreiten.
– Viertens müssen wir andere lehren, wie sie selbst diese Vision leben können.

Vision für die Zukunft

In wenigen Worten ausgedrückt, brauchen wir *Inspiration, Meditation, Kommunikation und Weiterbildung*, um die so dringend erforderliche Wandlung herbeizuführen.

Eine Vision haben

Zeit der Erneuerung

Beginnen wir mit einer Vision einer zweiten Renaissance auf Erden – einer Zeit der Erneuerung und Erleuchtung, in der edle menschliche Werte jedes Herz erhellen.

Es ist an der Zeit, das Lachen jedes einzelnen Kindes auf diesem Planeten zu hören, anstatt ihr Weinen vor Hunger oder ihre Schreie vor Schrecken. Es ist an der Zeit, daß Familien ihre Bestimmung in Frieden und Freude leben, anstatt durch Krieg und Gewalt auseinander gerissen zu werden. Es ist an der Zeit, anstatt der schlechten Luft, bedingt durch die Umweltverschmutzung, den Duft der Blumen in der Luft zu riechen. Es ist an der Zeit zu sehen, wie Menschen aller Nationen, Hautfarben und Religionen sich umarmen, im Bewußtsein ihrer Einheit, aber dennoch unter Wahrung ihrer Unterschiede.

Die Zeit dieser Erneuerung ist jetzt. Nutzen wir den Augenblick um unserer Kinder, unseres Planeten und unserer Seele willen!

Plan zum Handeln

Schließen wir uns zusammen, um einen Plan zum Handeln vorzulegen, der den Grundstein für die Zukunft der Vereinten Nationen legt! In der Vergangenheit hat man sich darauf konzentriert, den Frieden in die zerstrittenen Teile der Welt zu bringen. Trotz aller Bemühungen gibt es noch immer Krieg und Gewalt.

Ich möchte mit Ihnen einen anderen Standpunkt teilen, ein Umdenken und eine Lösung anbieten, die so einfach ist, daß sie geradezu verblüffend ist. Es ist nicht meine Lösung, sondern eine, die bereits im Herzen jedes einzelnen liegt. Sie wurde schon von den Heiligen, Mystikern, Philosophen und Propheten gelehrt, die auf dieser Erde wandelten.

Ihre Botschaft ist, daß unsere Bemühungen, anderen Ländern, Kommunen und Menschen Frieden zu bringen, nur ein Teil der

Photo: M. & C. Schramm

Pressekonferenz anläßlich der Buchherausgabe «Heilende Meditation», Zürich, 21.-23.6.1996.

Photo: André Starlinger

Weltkonferenz über Religion und Frieden. Riva del Garda/Italien, 4.-9.11.1994. Rajinder Singh trifft Kardinal Francis Arinze, Beauftragter des Vatikan für interreligiösen Dialog.

Photo: André Starlinger

Weltkonferenz über Religion und Frieden. Riva del Garda/Italien, 4.-9.11.1994. Rajinder Singh trifft Kardinal Martini, Mailand (ls.) und Padre M. Mizzi, Generaldelegierter für Ökumene u. interreligiösen Dialog des Franziskanerordens, Assisi (Mitte).

Photo: Dr. Rainer Daumann

Weltkonferenz über Religion und Frieden. Riva del Garda/Italien, 4.-9.11.1994. Rajinder Singh trifft Burton Pretty On Top, ein farbenprächtiger Gesandter der amerikanischen Indianer.

Lösung sind. Der fehlende Teil ist, daß wir beginnen müssen, Frieden in uns selbst zu finden.

In Wahrheit beginnt Frieden in uns selbst. Zu diesem kritischen Zeitpunkt in der Entwicklung der Vereinten Nationen ist es an der Zeit, neue Lösungen zu finden. Es wurden bereits so viele Versuche unternommen, äußeren Frieden zustandezubringen, und so viel Gutes konnte in den vergangenen fünfzig Jahren bewirkt werden. Doch Frieden ist noch immer nicht eingekehrt.

Was fehlt, wurde bereits seit Anbeginn der Zeiten verkündet. Wenn wir in den Annalen der Geschichte blättern, werden wir feststellen, daß die großen Heiligen und alle Religionsgründer der Welt eine einfache Botschaft brachten: Frieden liegt im Innern.

Der Vorgang, um inneren Frieden zu erreichen, wird Meditation genannt. Wenn wir dauerhaften äußeren Frieden anstreben wollen, sollten wir alle den inneren Frieden erforschen!

Die Vision leben

Für eine solche Umwandlung müssen wir die Vision selbst leben. Wir sind so sehr damit beschäftigt, anderen Ländern Frieden zu bringen, doch haben wir in unserem eigenen Land Frieden? Wir beschäftigen uns mit der Frage, ob unsere Nachbarsfamilie in Frieden lebt, doch haben wir zu Hause Frieden? Wir sind damit beschäftigt, allen anderen um uns Frieden zu bringen, doch haben wir in uns selbst Frieden?

Drehen wir nun dieses Konzept um: Wenn wir der Welt Frieden bringen möchten, so laßt uns zuerst Frieden in uns selbst finden! Wenn wir unserer Generation Weltfrieden wünschen, beginnen wir doch damit, durch Meditation selbst friedvoll zu werden!

Gehen wir von diesem Tag an die Verpflichtung ein, zu meditieren und so in uns selbst den inneren Frieden zu erforschen. Durch Meditation entdecken wir, daß das Licht des Schöpfers in jedem von uns leuchtet. Und die Verbindung mit dem inneren Licht bewirkt eine tiefgreifende Wandlung. Wir tauchen ganz in Liebe ein.

Dasselbe Licht

Wir erkennen, daß dasselbe Licht, das sich in uns befindet, auch in allen anderen Menschen und in allen lebenden Kreaturen ist. Wir erkennen, daß wir alle Seelen sind, Tropfen des einen Schöpfers, und somit Brüder und Schwestern im Herrn. Wir sehen, daß die gesamte Menschheit durch die seidenen Bande der Liebe miteinander verknüpft ist. Wir beginnen, die ganze Menschheit als Mitglieder einer Familie zu behandeln und uns gegenseitig zu lieben, zu respektieren und einander zu dienen.

Wir möchten den Schmerz und das Leid aus dem Leben unserer Mitmenschen verbannen, denn wir erkennen, daß der Schmerz der anderen unser eigener ist und daß die Freude der anderen unsere eigene ist. Wir müssen den Schmerz der Welt fühlen und anschließend heilen. Die Träume und Ziele der Vereinten Nationen können so als Nebenprodukt von innerem spirituellen Wachstum zur Wirklichkeit werden.

Einheit durch Meditation

Erkennen wir durch Meditation unsere Einheit, so sehen wir, daß wir alle eine Familie sind. Es wird keinen Hunger mehr geben, denn wer läßt seine Familie hungern?

Erkennen wir durch Meditation unsere Einheit, dann wird es keine Armut mehr geben, denn wer läßt seine Familie obdachlos auf der Straße?

Erkennen wir durch Meditation unsere Einheit, wird es keinen Krieg mehr geben, denn wer richtet das Gewehr auf seinen Bruder oder seine Schwester?

Wenn wir durch Meditation Frieden und Freude entdeckten, würden wir in einem Zustand der Ruhe und des Gleichgewichts leben und diesen Frieden auf andere ausstrahlen.

Jeder, der mit uns in Verbindung kommt, würde sich automatisch friedvoll fühlen. Wir bräuchten nicht mehr länger um Frieden zu beten – wir würden selbst voller Frieden sein. Meditation erhebt uns und läßt uns einen Blickwinkel erreichen, in dem wir selbst Zeuge der Einheit im Gewebe des Lebens werden.

Wir betrachten die Welt als verwobenes Ganzes. Alles Leben mag als Vielfalt an Farben, Formen und Größen erscheinen, aber in Wirklichkeit ist die Struktur die gleiche: die Struktur der Liebe.

Stellen wir uns eine Welt vor, in der jeder diese Vision lebt! Wieviele Kriege würden enden! Wieviele Städte würden sicher werden! Wieviele Nachbarschaftsprobleme wären gelöst! Wieviele Streitigkeiten im eigenen Heim würden sich auflösen! Wir hätten eine Welt, die von Frieden durchdrungen ist und in der man sicher vor der Bedrohung durch Verbrechen und Krieg leben könnte.

Welt ohne Krieg

Die Vision weitergeben und verbreiten

Der dritte Schritt bei der Verwirklichung der Vision des neuen Jahrtausends besteht darin, diese Vision mit anderen zu teilen, sie an andere weiterzugeben und in unseren Ländern, religiösen Gruppen, Organisationen und in unserem persönlichen Umfeld zu verbreiten.

Verpflichten wir uns heute, für andere eine Quelle der Inspiration zu sein, indem wir selbst täglich Zeit in Meditation verbringen und andere in unserem Land und in unserer Religion ermutigen, das gleiche zu tun!

Inspiration

Wenn wir Führungspersönlichkeiten oder Repräsentanten einer Nation, einer Religion, eines spirituellen Pfades oder einer Organisation sind, müssen wir ein Beispiel setzen. Wir können nicht nur predigen oder Lesungen halten. Wir selbst müssen ein Leben der Meditation, der ethischen Werte und der Liebe für alle führen.

Beispiel geben

Wenn die Menschen sehen, daß wir nach den edlen Idealen leben, die von den großen Heiligen, Philosophen und Humanisten gelehrt wurden, motiviert sie das, selbst solch ein Leben zu führen.

Kein Heiliger, kein Erleuchteter predigte Haß und Gewalt. Dennoch können wir im Verlauf der Geschichte feststellen, daß immer wieder Religionskriege geführt wurden, die unzählige

Todesfälle, Zerstörung und Elend nach sich zogen. Wir können feststellen, daß im Laufe der Geschichte Menschen aller Religionen das eine oder andere Mal im Namen Gottes töteten. Wir finden sogar Anhänger ein und desselben Religionsgründers, die sich innerhalb derselben Religion in verschiedene Gruppen aufspalteten und sich gegenseitig verfolgten und gegeneinander Krieg führten.

Gründe der Trennung

Auf internationaler Ebene finden wir Menschen, die auf ihre eigene Art und Weise, etwas Bestimmtes zu tun, stolz sind. Manche denken, daß ihre eigene Kultur und die eigenen Bräuche die besten sind, und so beginnen sie, Menschen anderer Kulturkreise und anderer Religionen zu diffamieren. Anstatt die Unterschiede als Quelle der Schönheit, Vielfalt und der Freude zu betrachten, werden sie zur Brutstätte von Bigotterie, Intoleranz und Haß.

Es ist an der Zeit, dem Feuer des Hasses und der Gewalt Einhalt zu gebieten, und das können wir, indem wir diese Flammen zunächst in uns selbst zum Erlöschen bringen.

Wahre Heilung

Bevor wir die Welt heilen können, müssen wir zuerst uns selbst heilen. Bevor wir der Welt dauerhaften Frieden bringen können, müssen wir erst Frieden in uns selbst erreichen.

Durch Meditation können wir diesen Zustand des Friedens erlangen. Dann können wir ihn auf unsere Familien, auf unsere Nachbarschaft, auf religiöse Gruppen und auf andere Länder ausstrahlen.

Einmal wurde ein Gärtner gebeten, einen bestimmten Baum zu pflanzen. Der Gärtner erwiderte: «Aber dieser Baum wächst so langsam, daß er nicht vor hundert Jahren Früchte tragen wird.» Der Auftraggeber erwiderte: «Dann haben wir keine Zeit zu verlieren – setze den Baum gleich heute ein.»

Baum des Friedens

Verlieren auch wir keinen einzigen Augenblick – pflanzen wir den Baum des Friedens heute! Beginnen wir, indem wir eine einfache Technik der Meditation lernen, die den ersehnten Frieden bringt! Dieser Vorgang der Inversion, der Einkehr und Innenschau, liegt im Kern jeder Religion und wurde von allen Heiligen und Religionsgründern gelehrt.

Meine eigenen spirituellen Lehrer, Sant Kirpal Singh und Sant Darshan Singh, haben beide die Religionen sehr intensiv studiert und miteinander verglichen und fanden heraus, daß allen Religionen eine fundamentale Botschaft zugrundeliegt: Es gibt im Inneren Licht. Es gibt in uns einen göttlichen Tonstrom. Im Innern gibt es universelle Liebe, und wir können all diese Geschenke durch Meditation entdecken.

<small>Universelle Liebe</small>

Wenn wir die heiligen Schriften in aller Welt durchlesen, werden wir Hinweise auf dasselbe Licht und denselben Ton finden, ob man dies nun als *Wort* bezeichnet, wie in der Bibel, oder *Kalma* in den islamischen Schriften oder *Jyoti* und *Shruti* oder *Nad* in den Schriften der Hindus, *Sarosha* in den Schriften Zoroasters, *Naam* bei den Sikhs oder *Bang-i-Asmani* in den Sufi-Schriften; es gibt noch zahlreiche andere Namen dafür in den anderen Religionen.

Wenn wir in das göttliche Licht im Innern eintauchen, finden wir ewige Liebe, ewiges Glück und ewigen Frieden.

Die Liebe, die in jedem von uns schlummert, wird durch Gewaltlosigkeit zum Leben erweckt. Gewaltlosigkeit erstreckt sich nicht nur auf Menschen, sondern auch auf Tiere, Pflanzen, Insekten und auf jede Lebensform. Durch Gewaltlosigkeit wird Liebe in uns erweckt, und diese Liebe ist tatsächlich die Liebe Gottes. Wenn einmal die göttliche Liebe erwacht ist, werden wir kein Lebewesen mehr verletzen. Ahimsa oder Gewaltlosigkeit macht uns zum wahren Menschen, zu einem Menschen, wie Gott ihn haben wollte.

<small>Ahimsa</small>

Wenn Gewaltlosigkeit auf Gewalt trifft, opfert sich die Gewaltlosigkeit mit Freude im Herzen und läßt ihr eigenes Blut fließen. Wer auf dem Pfad der Gewaltlosigkeit wandelt, beseitigt den Schmerz und die Sorgen der ganzen Welt. Wenn wir das Leben der großen Heiligen und Mystiker betrachten, wie Buddha, Krishna, Mahavira, Moses, Christus, Mohammed oder Guru Nanak, erkennen wir, wieviel sie opferten – nicht für sich selbst, sondern für die ganze Welt.

Ohne Opfer kann es keine Gewaltlosigkeit geben. Ohne Opfer kann es keine Liebe geben. Ohne Opfer kann es keinen selbst-

<small>Opfer</small>

losen Dienst geben. Ohne Opfer können wir keine wahren Menschen sein. Es ist dieses Opfer, das wir bringen müssen und das Gott von uns erwartet, wenn wir dem Pfad der Gewaltlosigkeit folgen wollen.

Leben als Dienst

Wenn wir diesen Pfad gehen, nähert sich uns die gesamte Welt, und wir werden ihr nahestehen. Wir führen dann unser Leben im Dienste aller Menschen auf diesem Planeten. Streit, Spannungen und Kriege werden verschwinden, und wenn wir in uns selbst Frieden haben, werden unsere Gemeinden, unsere Nationen und die gesamte Welt in Frieden leben.

Manche werden sich nun vielleicht fragen: «Wenn ich inneren Frieden finde, wie kann ich dann alleine äußeren Frieden bewirken?» Als Antwort darauf möchte ich eine kleine Geschichte erzählen:

Die Seesterne

Es ging einmal ein Mann den Strand entlang, als er in der Ferne einen anderen Mann erblickte, der etwas aufhob, herumwirbelte und schließlich dann weit ins Wasser warf. Der Mann wiederholte diese Bewegungen immer wieder, bis der erstere neugierig wurde, auf den anderen zuging und ihn fragte: «Was machen Sie da?» Der Mann erwiderte: «Ich werfe Seesterne ins Meer zurück. Wenn ich das nicht tue, werden sie alle am Strand verenden.» Der erste Mann blickte den Strand entlang und meinte: «Es sind doch tausende Seesterne hier am Strand. Welchen Unterschied macht das überhaupt?» Ohne zu zögern, nahm der zweite Mann wieder einen Seestern auf, warf ihn ins Wasser und sagte: «Für diesen einen macht es einen Unterschied!»

Auch wir können durch die Handlungen, zu denen wir uns entschließen, einen Unterschied für die gesamte Menschheit und die Nachwelt machen. Fangen wir mit unserer eigenen Wandlung an und mit dem Streben nach Frieden.

Anderen zeigen, wie sie die Vision leben können

Neben der Verbreitung einer solchen Vision müssen wir auch anderen vermitteln, wie sie selbst diese Vision leben können, indem man ihnen den Schlüssel dazu gibt. Wir müssen die Menschen lehren, wie man meditiert, wie man ein Leben der Gewaltlosigkeit und des Friedens führt und wie man das Leid und den Schmerz der anderen lindert.

Lehren wir andere, den Schmerz nicht zuzulassen und statt dessen Liebe und Zuneigung zu verbreiten! Wir müssen ein Beispiel setzen und anderen zeigen, wie sie Entscheidungen treffen können, die für kein Lebewesen Schmerz, Verletzung oder Tod bedeuten, sondern statt dessen allen Frieden und Harmonie bringen.

In diesem Jahrhundert gibt es zwei edle Beispiele von Heiligen, die diese Vision lebten und andere lehrten, dasselbe zu tun. Ein Beispiel war Sant Kirpal Singh, der große Heilige von Sant Mat oder des Surat Shabd Yoga in Indien, der Gründungspräsident der Weltgemeinschaft der Religionen, der im Jahre 1974 die «Erste Konferenz zur Einheit der Menschen» einberief. Vor neununddreißig Jahren hielt er vor der Neunten Vollversammlung der UNESCO eine Ansprache und sagte dabei: [Kirpal Singh]

«Ohne Liebe können wir keinen Frieden in der Welt aufrechterhalten, und ohne die spirituelle Seite im Menschen zu verwirklichen, können wir keine wahre Liebe haben.»

Er nannte Beispiele aus der Vergangenheit, bei denen Staatsoberhäupter in Angelegenheiten, die die Menschheit als Ganzes betrafen, die Heiligen und Erleuchteten ihrer Zeit konsultierten und sie nach Lösungen fragten, wie man die Staatsgeschäfte führen könne, ohne auf Gewalt oder Zwang zurückgreifen zu müssen.

Sant Kirpal Singh sagte dann: «Wenn wir heute ähnliche Führung hätten, würde dies wesentlich zum Frieden in der Welt beitragen.»

Das zweite Beispiel einer Persönlichkeit, die diese Friedensarbeit fortführte, war Sant Darshan Singh, der Gründer der «Wissenschaft der Spiritualität», ein berühmter Urdu-Dichter, der vier hohe Literaturauszeichnungen für seine Dichtung erhielt; er war Präsident der Sechsten Konferenz der Weltreligionen. [Darshan Singh]

Er führte ein Leben der Meditation, des Dienstes an der Menschheit und der Liebe für alle und lehrte andere, wie sie selbst ein solches Leben führen können. In einem seiner Verse schrieb er:

> *Das Leben ist kein Dolch,*
> *getränkt vom Blut des Hasses,*
> *sondern ein Zweig voller Blüten*
> *aus Liebe und Mitgefühl.*

In einem anderen Vers schrieb er:

> *Das Leben selbst sucht rastlos*
> *nach Frieden in der Welt,*
> *möge sich dieser edle Traum*
> *verwirklichen.*
> *Möge der Garten mit Wogen über Wogen*
> *des Lichts erleuchtet werden,*
> *möge der Reichtum der Liebe*
> *größer und größer werden*
> *und jedes Herz erfüllen.*

Treffen zur Einheit

Es ist mein aufrichtiges Gebet, daß wir die Erfüllung ihres großen Werkes erleben, wenn wir in das neue Jahrtausend eintreten. Wir führen Konferenzen durch, bei denen Führungspersönlichkeiten des öffentlichen, religiösen und sozialen Lebens sich mit diesen Ideen befassen können, wie zum Beispiel die jährliche «Internationale Konferenz zur Einheit aller Menschen» und die «Weltkonferenz über Mystik». Wir führten die Siebte Konferenz der Weltgemeinschaft der Religionen durch, bei der der «1. Spirituelle Dialog über Meditation, Gebet und Gewaltlosigkeit» stattfand. Im September 1996 werden wir die «16. Internationale Konferenz zur Einheit aller Menschen» abhalten.

Die Vereinten Nationen können eine aktivere Rolle einnehmen, um die Welt in eine Zeit des Friedens zu führen, wenn alle ihre Mitglieder, angefangen von den Botschaftern und Delegierten bis hin zu ihren Mitarbeitern, Experten des Friedens werden, indem sie meditieren lernen und andere ermutigen, dasselbe zu tun. Durch Meditation werden sie das Licht Gottes in jedem

Menschen sehen und all ihre Entscheidungen in Liebe, Gewaltlosigkeit und im Dienst an der gesamten Menschheit treffen.

Kommen wir nun einige Augenblicke zur Ruhe, um eine einfache Methode der Meditation kennenzulernen, die wir dann mit anderen teilen können. Die Technik ist einfach, und wenn man sie beherrscht, kann man sie jeden Tag zu Hause praktizieren.

Meditation ist ein Vorgang der Konzentration und kann von Menschen aller Altersstufen, aller Religionen, aller Lebensbereiche praktiziert werden.

Wir konzentrieren unsere Aufmerksamkeit an einem Punkt zwischen und hinter den beiden Augenbrauen, der als Sitz der Seele, Einzelauge oder Drittes Auge bekannt ist. Sammeln wir dort unsere Aufmerksamkeit, dann kommen wir mit einem Strom aus Licht und Klang in Verbindung, der uns in einen Zustand höheren Bewußtseins und des Friedens führt.

3. Auge

In jeder Religion findet man Hinweise auf eine Kraft, die vom Schöpfer ausging. Diese Kraft hat zwei Manifestationen: Licht und Klang. Dieser Strom geht vom Schöpfer aus und führt auch wieder zu seiner Quelle zurück. Wenn wir unsere Aufmerksamkeit zum Sitz der Seele zurückziehen, können wir in diesen inneren Licht- und Klangstrom eintauchen. Durch diese Verbindung erlangen wir tiefen Frieden, Liebe und Glückseligkeit, Zustände, die viel beglückender und erfüllender sind als alles, was wir auf Erden kennen.

Meditationsanleitung

Wenn Sie also meditieren möchten, setzten Sie sich in einer Haltung hin, die angenehm und bequem für Sie ist. Schließen Sie die Augen.

Konzentrieren Sie Ihre Aufmerksamkeit auf den Bereich der Dunkelheit, der vor Ihnen liegt. Spannen Sie weder Stirn noch Augen an.

Sie schauen nun nicht mit Ihren äußeren Augen nach vorne; es ist vielmehr Ihr inneres Auge, das die Dunkelheit sieht.

Schauen Sie fortwährend in die Mitte dessen, was Sie mit geschlossenen Augen vor sich sehen.

Damit das Gemüt den inneren Blick nicht beeinträchtigt und Gedanken schickt, wiederholen Sie irgendeinen Namen des Schöpfers, der Ihnen vertraut ist. Wiederholen Sie diesen Namen langsam, in Gedanken, nicht laut. Konzentrieren Sie sich weiterhin auf das, was vor Ihnen erscheint.

Durch diese Konzentration wird Licht hervorbrechen. Sie können Licht sehen – Licht in jeder beliebigen Farbe, weiß, golden, blau, rot, gelb, orange, violett usw. Sie können auch einen inneren Ausblick auf einen Sternenhimmel haben, auf einen Mond oder eine Sonne oder irgend etwas anderes.

Schauen Sie immer in die Mitte dessen, was sich gerade vor Ihnen befindet. Dieses Licht wird Ihnen Frieden geben. Meditieren wir nun für einige Augenblicke, und ich bete, daß jeder das erhält, was für ihn am besten ist.

(Die viertausend in der Kathedrale versammelten Menschen meditierten nun zusammen. Danach fuhr Rajinder Singh mit seiner Ansprache fort:)

Einfache Meditation

Wie Sie sehen, ist diese Technik sehr einfach und kann von Menschen aller Länder, aller Religionen, aller Altersgruppen und aus allen Lebensbereichen praktiziert werden. Man kann sie bequem zu Hause oder auch an jedem beliebigen Ort durchführen.

Wenn dies jeder tut, wird es nicht mehr lange dauern, bis jeder inneren Frieden findet. Wenn innerer Frieden unser Leben nährt, werden wir im Geiste der positiven Mystik in dieser Welt leben. Meditation ist nicht lebensverneinend; sie ist vielmehr aktiv. Und als Nebenprodukt wird auch äußerer Friede zur Realität werden.

Beginnen wir also heute mit folgendem einfachen Plan: Inspiration, Meditation, Kommunikation und Weiterbildung, um eine Wandlung zu bewirken.

Wenn wir eine Vision der Vereinten Nationen für das 21. Jahrhundert haben, so hoffe und bete ich, daß unsere heutige Meditation den Beginn einer fortwährenden Erforschung inneren Friedens darstellt, damit wir alle, unsere Familien, unsere Kinder, unsere Enkelkinder und die Nachwelt inneren und äußeren Frieden erleben.

Möge Gott unsere Bemühungen segnen. Danke sehr.

8

Gibt es innere Welten?

Kann man schon vor dem physischen Tode in diese Welten reisen?

Im Mai 1996 hielt Rajinder Singh eine Reihe von Vorträgen, Meditationstreffen, Gesprächen und persönlichen Begegnungen in München. Am 17.5.96 ging er im Zirkus Krone auf die Frage nach bewußten Jenseitserfahrungen vor dem Körpertod ein.

Sind wir für die letzte große Reise vorbereitet?

Wenn wir heute über eine Reise in die inneren mystischen Welten sprechen, dann hat das nichts mit der physischen Ebene, mit der physischen Welt zu tun. Was tun wir normalerweise? Wir lenken unsere ganze Aufmerksamkeit auf das, was wir in dieser Welt tun, was hier geschieht und was uns hier wichtig erscheint. Und wir denken nie oder nur selten daran, was beim Tod passiert. Wir alle wissen, daß wir ganz bestimmt eines Tages sterben werden.

Bedeutet dieser Tod aber das Ende unserer Existenz? Was geschieht zum Zeitpunkt des Todes, und wo werden wir dann hingehen? Das sind Fragen, die schon viele Heilige und Mystiker beantwortet haben, und wenn wir uns bemühen, Antworten darauf zu erhalten, dann werden wir feststellen, daß wir schon jetzt etwas tun können, was uns weiterhilft, und daß wir so unser Leben in rechter Weise nützen können.

Ist der Tod das Ende?

Wenn wir in ein fernes Land reisen, dann bereiten wir uns normalerweise gut vor. Wir schauen uns auf Landkarten an, wo wir hinreisen wollen. Wenn wir dort jemanden kennen, rufen wir ihn an und fragen ihn, wie es bei ihm so ist. Wir informieren uns über das Klima, über die Kultur und über die Sprache. Wenn wir aber dort sogar hinziehen wollen, dann werden wir uns sicher sehr viel Mühe geben, uns sehr gut informieren und uns den Ort ganz genau anschauen.

Wenn wir einmal sterben, dann wissen wir genausogut, daß wir alle in ein anderes Land gehen werden. Sollten wir uns dann nicht ebenso informieren, wie es in diesen inneren Welten, in diesen anderen Ländern ist, wie man dort lebt und wie man dort spricht? Eigentlich ist es doch wirklich wichtig, daß wir schon etwas von diesen inneren Welten wissen, noch bevor unser Leben hier endet.

Information

Was verläßt den Körper beim Tode?

Wer schon einmal gesehen hat, wie jemand stirbt, wird bemerkt haben, daß der Mensch, nachdem er gestorben ist, genauso aussieht wie vorher, als er noch lebte. Das Gesicht ist das gleiche, der Körper ist der gleiche, alles sieht aus wie vorher.

Aber er kann dann nicht mehr sehen, nicht mehr hören, nicht mehr sprechen und sich nicht mehr bewegen. Was ist nun eigentlich im Körper, das diesen beim Tod verlassen hat, so daß er uns auf einmal nichts mehr nützt, und was bedeutet es, wenn man sagt: «Der Mensch ist gestorben»?

Was verleiht uns Leben?

Wenn wir das einmal näher betrachten, kommen wir zwangsläufig zu einer wichtigen Erkenntnis, und zwar, daß es etwas geben muß, das uns Leben verleiht.

Seele ist Leben

Dieses Etwas ist die Seele. Die Seele ist ein Teil Gottes, und solange sie im Körper ist, leben wir. Sobald sie aber den Körper verläßt, funktioniert dieser nicht mehr.

In diesem Zeitalter der großen wissenschaftlichen Entdeckungen stellt sich uns die Frage, wohin die Seele nach dem Tod geht und ob wir während unseres Lebens vielleicht auch in diese höheren Ebenen, die die Seele beim Tod betritt, gehen können? Wir wollen heute versuchen, diese Fragen zu beantworten.

Was passiert bei «Nah-Tod-Erlebnissen»?

Seit einigen Jahrzehnten gibt es einen neuen Forschungsbereich, der sich mit Nah-Tod-Erfahrungen beschäftigt. Dabei handelt es sich um Erfahrungen von Menschen, die klinisch tot waren und wieder zurück zum Leben gebracht wurden und so von ihren Erlebnissen erzählen konnten.

Raymond Moody

Das erste Buch, das zu diesem Thema auf den Markt kam, war das Buch von Dr. Raymond Moody mit dem Titel *Leben nach dem Tod*. Heute gibt es bereits eine ganze Reihe solcher Bücher.

Übereinstimmend kann man in diesen Büchern finden, daß die Erfahrungen alle sehr ähnlich sind und daß es keine Rolle spielt, welchen Glauben die betroffenen Menschen haben, welchen Lebensbereichen sie angehören, welche Bildung sie haben oder welcher Nationalität sie angehören.

1982 hatte man bei einer Umfrage festgestellt, daß es bereits 8 Millionen Menschen gab, die eine solche Nah-Tod-Erfahrung hatten. Man kann sich leicht vorstellen, wie viele es in Wirklichkeit sein müssen.

Solche Erfahrungen sind also kein bestimmtes begrenztes Phänomen, das nur ein einziges Mal und nur von einem Individuum erlebt worden war, sondern es gibt in Wirklichkeit sehr viele Menschen, die die gleichen Erfahrungen gemacht haben.

Üblicherweise spielt sich bei einer Nah-Tod-Erfahrung folgendes ab: Es geschieht irgendein physisches Drama, entweder ein schwerer Unfall oder eine schwere Operation. Plötzlich finden sich die Betroffenen außerhalb ihres Körpers wieder. Sie sehen sich selbst im Raum und beobachten, wie die Ärzte und Krankenschwestern an ihnen arbeiten. Sie hören auch, was gesagt wird. Viele gehen sogar durch Wände und sehen, wie ihre Verwandten draußen warten, und hören, was diese sagen. Andere wiederum sind in der Lage, Hunderte von Kilometern entfernt bei ihren Lieben zu sein, und sie erfahren, was diese denken und tun.

Körper-Austritt

Alle, die Nah-Tod-Erfahrungen hatten, sagen, daß sie plötzlich mit großer Geschwindigkeit durch einen dunklen Tunnel eilten und am Ende dieses Tunnels auf ein wunderbares Licht trafen, in das sie völlig eintauchten.

Tunnel-Erlebnis

Und dieses Licht war weder heiß noch blendend, sondern es war ein liebevolles warmes Licht. Niemals hat jemand vorher so viel Liebe verspürt, wie in diesem Licht. Viele sprachen auch von einem Lichtwesen, das auf sie zukam, wieder andere meinten, daß dieses Lichtwesen ihr Religionsgründer gewesen sei. Und sie erzählten, daß sie noch nie so liebevoll umarmt worden waren.

Viele dieser Menschen sprachen auch darüber, daß sie gesehen haben, wie ihr ganzes Leben plötzlich wie in einem dreidimensionalen Film vor ihnen abgelaufen ist. Sie haben dabei alles gesehen, was sie getan haben, und nicht nur das, sondern sie haben gleichzeitig auch gefühlt, was sie anderen angetan haben.

Wenn sie jemandem Schmerzen zugefügt haben, so fühlten sie diese Schmerzen, und wenn sie jemandem Liebe entgegengebracht haben, so konnten sie dessen Freude darüber fühlen. Das Lichtwesen hat ihnen auch gesagt, was richtig ist und wie man ein Leben richtig führen soll.

Danach wurde ihnen allen klar, wie wichtig es ist, in dieser Welt ein liebevolles Leben zu führen.

Das Gesetz der Liebe

Wenn wir mehr über dieses Gesetz der Liebe wissen wollen, finden wir reichlich Hinweise in den heiligen Schriften. Zum Beispiel heißt es in den christlichen Schriften: »Liebe und alles wird dir gehören.« Oder bei den Sikhs heißt es: «Wer liebt, wird Gott finden.»

Was ist das Gesetz des Karmas?

Wenn wir dieses Gesetz der Liebe verstehen wollen, müssen wir uns mit etwas befassen, das im Osten als «das Gesetz des Karmas» bezeichnet wird. Es ist ein sehr einfaches Gesetz. Wie nach dem Reaktionsprinzip in der Physik auf jede Aktion eine Reaktion folgt, so ist es auch beim Gesetz des Karmas.

In dieser Welt werden wir für jeden Gedanken, für jedes Wort und für jede Tat zur Rechenschaft gezogen. Gute Taten, gute Worte, gute Gedanken werden belohnt; schlechte Gedanken, schlechte Worte und schlimme Taten werden bestraft.

Immer mehr Karma

Es gibt drei Arten von Karma. Das erste Karma ist das Sanchit-Karma. Es ist unser Vorratslager, unser Vorratskarma. Es ist das Karma, daß seit dem ersten Tag unserer Existenz, als sich die Seele vom Schöpfer trennte, ständig wächst. Unsere Seele wandert von Leben zu Leben, von einem Körper zum andern. Das Karma, das wir dabei jeweils verursachen, sammelt sich wie in einem Vorratslager an.

Aus diesem Vorratslager wird dann bei unserer Geburt ein Teil entnommen, den man als Pralabd-Karma, als Schicksalskarma bezeichnet. Wegen dieses Schicksalskarmas widerfährt uns im Leben so manches, was wir verstandesmäßig oft nicht begreifen können. Zum Beispiel kann es sein, daß ein junger, liebevoller, netter und gebildeter Mensch plötzlich einen schweren Unfall hat und stirbt, und wir fragen uns, warum das gerade einem so jungen Menschen geschehen muß. Oder bei einem jung verheirateten Ehepaar stirbt nach kurzer Zeit einer der Ehepartner. Wir verstehen nicht, warum Gott so etwas zuläßt. Oder es geht auch anders herum: Jemand lebt nicht sehr liebevoll, bricht die Gesetze und doch gewinnt er plötzlich in der Lotterie und ist sehr reich. Wir wundern uns darüber. All das sind in Wirklichkeit Ergebnisse unserer vergangenen Handlungen in anderen Leben.

Zufall, Schicksal, Karma

Unser Leben basiert auf dem Karma. Fünfundsiebzig Prozent unseres Lebens sind vorherbestimmt, und zu fünfundzwanzig Prozent haben wir freien Willen.

Im Bereich dieses freien Willens können wir uns entscheiden, wie wir leben und ob wir auf Gott zugehen wollen oder nicht.

Auf Gott zugehen

Es gibt aber noch eine dritte Art von Karma, das Kriyaman-Karma. Das ist das Karma, das wir jeden Tag neu schaffen, mit jedem unserer Gedanken, mit jedem Wort und mit dem, was wir tun. Wir verursachen täglich neues Karma.

Wenn wir das einmal richtig verstanden haben, dann erkennen wir, daß es in Wirklichkeit ein Gesetz der Liebe ist. Wenn wir ein Leben führen, in dem wir mit anderen teilen, in dem wir uns um sie sorgen, in dem wir unseren Mitmenschen helfen, dann werden wir reich belohnt, tausendfach belohnt. Das, was wir anderen geben, kommt in vielfacher Weise zurück, und zwar nicht nur in diesem Leben, sondern auch im Jenseits.

Was ist das Verhältnis zwischen Bewußtsein und Materie auf den inneren Ebenen?

Die großen Heiligen und Mystiker berichten, daß es Bereiche gibt, die jenseits dieser physischen Existenz liegen. Hier leben

Gibt es innere Welten?

wir in der physischen Welt, und wir haben den Himmel, die Sonne, den Mond und die Sterne und noch viele andere Galaxien. Hier ist alles aus Materie, und es gibt nur sehr wenig Bewußtsein. Das einzige Bewußtsein ist die Seele, die dem Körper Leben gibt, den Pflanzen, den Tieren, den Menschen. In jeder lebenden Form ist ein Funke Gottes, doch die Materie herrscht vor, und es gibt nur wenig Bewußtsein.

<small>Astral-Ebene</small>

Die nächsthöhere Ebene, die Astralebene, ist dagegen bereits feinstofflicher. Es gibt dort zwar immer noch viel mehr Materie als Bewußtsein, aber schon mehr Bewußtsein als in der physischen Ebene.

Wenn wir weiter gehen, kommen wir in die kausale Ebene. Immer wenn wir von einer Ebene in die nächsthöhere gehen, legen wir eine Hülle ab. Wenn wir in die Astralebene gehen, legen wir den physischen Körper ab, und wenn wir in die Kau-

<small>Kausal-Ebene</small>

salebene gehen, den astralen Körper. In der kausalen Ebene haben wir noch den Kausalkörper. Hier gibt es Materie und Bewußtsein zu etwa gleichen Teilen, und hier erfahren wir bereits große Freude und Glückseligkeit. Es ist ein wunderbarer Zustand.

<small>Supra-kausal-Ebene</small>

Aber wir reisen noch weiter, als nächstes in die suprakausale Ebene, und legen dabei den kausalen Körper ab. In diesem Bereich gibt es bereits viel mehr Bewußtheit als Materie, und unsere Seele ist nur noch von einer ganz dünnen Hülle umgeben. Hier erkennt auch die Seele zum allerersten Mal, daß sie vom gleichen Wesen wie Gott ist, und sie ruft «Sohang», was soviel wie «o Vater, ich bin von gleichem Wesen wie Du» bedeutet. Hier herrscht ein Licht vor, das zwölf äußeren Sonnen entspricht.

<small>Sach Khand</small>

Zum ersten Mal wird der Seele bewußt, daß sie voller Liebe Gottes ist. Aber das ist noch nicht das Ende der Reise, denn es geht noch weiter, und die Seele erreicht schließlich einen Bereich, der als Sach Khand bezeichnet wird. Es ist ein Bereich der reinen Wahrheit und der reinen Bewußtheit. Hier findet sich die Seele in ihrer ursprünglichen Form wieder, in ihrer ursprünglichen Reinheit, und es gibt keine Hülle mehr, die sie bedeckt. Hier herrscht auch ein unglaubliches Licht vor, und hier wird die

Seele eins mit ihrem inneren Führer, mit dem Meister, was bei den Sufis *fana-fil-sheikh* genannt wird, und vereint sich schließlich mit Gott, bei den Sufis als *fana-fil-Allah* bekannt.

Wie findet man Gott?

Diese Einheit der Schöpfung ist es, was wir brauchen – das ist unser Ziel. Wir alle müssen aus dem Kreislauf der Geburten und Tode herauskommen. Unsere Seele wandert ständig von einem Körper zum anderen, und wenn sie die Gelegenheit nicht nützt, kommt sie aus dem Kreislauf nicht heraus.

Darum betonen die Heiligen und Weisen immer, daß man diese goldene Gelegenheit nützen soll, denn vielleicht dauert es Tausende von Jahren, bis die Seele wieder einen menschlichen Körper und damit eine neue Gelegenheit bekommt.

Deshalb raten uns die Heiligen und Weisen, die goldene Gelegenheit nicht zu verpassen, sondern die spirituelle Reise anzutreten, damit wir wieder zurück in unsere ewige Heimat finden, zurück zu der Quelle, aus der wir gekommen sind.

Die Reise in mystische Bereiche beginnt im Körper und endet im Schoß Gottes. Es ist eine sehr einfache Reise, und ich möchte das an einer Geschichte illustrieren. In dieser Geschichte geht es um einen Gottsucher namens Bulleh Shah.

Bulleh Shah wollte Gott finden. So ging er von einem spirituellen Meister zum andern, war aber nicht zufrieden. Doch schließlich kam er zu Inayat Shah, dem damaligen Meister, der ein Gärtner war. Inayat Shah betraute ihn mit der Aufgabe, in seinem Garten zu arbeiten.

Bulleh Shah arbeitete lange im Garten und dachte sich eines Tages, daß er noch überhaupt nichts gelernt hätte, wie man Gott finden kann, und er sagte zu seinem Meister: «Bitte, sage mir nun, wie kann ich Gott finden.» Darauf antwortete Inayat Shah: «Gut, geh hinaus, zieh die Pflanzen dort aus dem Boden heraus und pflanze sie auf der anderen Seite wieder ein.» Bulleh Shah fragte sich, was das wohl mit seiner Frage nach Gott zu tun hätte, aber er tat, wie ihm geheißen wurde.

Dann ging er zurück zu Inayat Shah und sagte: «Ich glaube, Sie haben meine Frage nicht verstanden, ich möchte Gott finden.» Worauf ihm Inayat Shah antwortete: «O, es ist sehr leicht, Gott zu finden. Du mußt nur deine Aufmerksamkeit auf der einen Seite herausziehen und auf der anderen Seite wieder einpflanzen, d.h. deine Aufmerksamkeit von der Welt zurückziehen und sie auf das dritte Auge richten.»

Gott erkennen

Gott zu erkennen ist also im Grunde ein sehr einfacher Vorgang. Man muß nur die Aufmerksamkeit von der Welt zurückziehen, was bedeutet, daß wir die sensorischen Ströme zurückziehen und am dritten Auge zwischen und hinter den beiden Augenbrauen konzentrieren. Dort erfahren wir Licht.

Alle, die Nah-Tod-Erfahrungen hatten, kamen nur bis zur Schwelle von der physischen zur astralen Welt. Aber wenn man schon bei Nah-Tod-Erfahrungen so wunderbare innere Erfahrungen haben kann, kann man sich leicht vorstellen, wie diese auf den höheren inneren Ebenen sein werden.

Wir können durch die inneren Ebenen gehen, bis wir schließlich mit Hilfe unseres inneren Führers eins mit Gott werden. Das Mittel dazu ist ein sehr einfacher Vorgang der Konzentration, den man auch «Gebet mit Aufmerksamkeit» oder «Meditation» nennen kann. Man konzentriert dabei seine Aufmerksamkeit am dritten Auge und kann dann im Innern Licht und Klang erfahren.

5 Jahre König

Ich möchte mit einer kleinen Geschichte enden. Es ist die Geschichte von einem Königreich, in dem alle fünf Jahre ein neuer König gewählt wurde. Der König, der jeweils herrschte, war sehr glücklich und zufrieden, denn er führte ein sehr gutes Leben in Reichtum.

Aber am Ende der fünf Jahre war es die Regel, daß der König in einen Wald verbannt wurde und nicht mehr zurück konnte. Normalerweise wurde er im Wald von den wilden Tieren gefressen. Wenn ein König also regierte, war er sehr glücklich und dachte nicht an das Ende seiner Amtszeit. Aber wenn die fünf Jahre um waren, machte er sich große Sorgen, denn er wußte, was geschehen würde.

Warum sollten wir ein inneres Haus erbauen?

Einmal war ein König im Amt, der sich schon vom ersten Tag an Gedanken darüber machte, was geschehen würde, wenn die fünf Jahre vorbei sein würden. Und er dachte sich einen Plan aus.

Er begann die Wälder abzuholzen, so daß es schließlich gar keinen Wald mehr gab, und baute sich einen wunderschönen Palast. Als dann die fünf Jahre um waren, zog er einfach nur um und bewohnte den Palast, den er sich gebaut hatte.

Die Moral von der Geschichte ist: Wir, die wir hier leben, wissen, daß wir eines Tages sterben und ganz sicher in andere Bereiche gehen werden, von denen wir nicht die geringste Ahnung haben.

Laßt uns also jetzt, solange wir in diesem Körper sind, das Beste tun. Laßt uns ein schönes Haus im Innern erbauen. Laßt uns nach innen gehen, damit wir uns mit dem göttlichen Licht und dem göttlichen Klang in uns verbinden können. Wenn wir das tun, werden wir einen wunderbaren Zustand der Freude und der Glückseligkeit erreichen.

Jetzt das Beste tun

Wir kommen in Ebenen, die immer feinstofflicher werden und in denen ein immer wunderbareres Licht strahlt. All das können wir jetzt schon haben. Wir können immer höhere Bewußtseinszustände erreichen und schließlich in unsere ewige Heimat Sach Khand gelangen.

Ich bete zum allmächtigen Gott, jedem einzelnen hier zu helfen, diese mystische Reise zu unternehmen und durch die inneren Ebenen der Existenz zu gehen, bis wir schließlich die Ebene reiner Bewußtheit, reiner Freude, reinen Friedens und reiner Glückseligkeit erreichen.

9

Was ist die Praxis der Seelenentwicklung?

Speziell für dieses Buch beantwortete Rajinder Singh häufig gestellte grundlegende Fragen zu dem von ihm gelehrten Meditationsweg, welche die praktischen Schritte der Seelenentwicklung betreffen, erneut in kurzer, auf das Wesentliche komprimierter Form.

Frage:
Was ist die Meditation auf das innere Licht?

Antwort:
Die Meditation auf das innere Licht ist ein Vorgang, der von den spirituellen Lehrern der «Wissenschaft der Spiritualität» gelehrt wird. Dabei sitzen wir in einer bequemen Haltung, schließen unsere Augen und ziehen die Aufmerksamkeit an den Sitz der Seele (das dritte Auge bzw. sechste Chakra) zurück. Wir richten dann unseren inneren Blick unverwandt in die Mitte dessen, was wir auch immer in dem inneren Gesichtsfeld vor uns sehen mögen.

Meditation am 3. Auge

Während wir entspannt, liebevoll und ohne besondere Erwartung in die Mitte dessen blicken, was unser inneres Auge vor uns sieht, sollten wir unser Gemüt ruhig halten, damit uns keine Gedanken stören.

Wenn irgendein Licht auftaucht, gleich welcher Farbe, versenken wir unsere Aufmerksamkeit in dessen Mitte. Wir können innen auch Sterne, Mond oder Sonne sehen. Wenn wir fortfahren, unsere Aufmerksamkeit in die Mitte dessen zu versenken, was immer wir auch sehen mögen, wird sich unsere Seele schließlich über das Körperbewußtsein erheben und mit dem Strom des göttlichen Lichtes und Klanges in die inneren spirituellen Regionen reisen.

Frage:
Was ist Simran? Was bewirkt er für uns?

Simran

Antwort:
Während wir über das innere Licht meditieren, werden wir feststellen, daß uns Verstand und Gemüt ständig Gedanken schicken. Diese Gedanken stören die Stille, die erforderlich ist, um sich in das innere Licht zu versenken. Um das Gemüt nun beschäftigt zu halten, damit es uns nicht von der Meditation ablenkt, wiederholen wir die Namen Gottes mental, mit der Zunge der Gedanken, während wir damit fortfahren, in die Mitte dessen zu schauen, was wir vor uns sehen. Die mentale Wiederholung der Namen Gottes nennt man *Simran*.

Diese Übung ist in verschiedenen Religionen praktiziert worden. Die Sufis nennen die mentale Wiederholung der Namen Gottes *zikr* bzw. *dhikr*, die Hl. Theresa von Avila sprach in ihrem Weg «Die Seelenburg» vom «stillen Gebet mit der Aufmerksamkeit».

Wenn wir das Gemüt mit der Wiederholung der Namen Gottes beschäftigen, kann es uns nicht mehr länger durch andere Gedanken ablenken, und wir können dann mit voller Konzentration in das innere Licht schauen.

Ton-Meditation

Frage:
Was ist die Meditation auf den inneren Ton, und wie hilft sie uns?

Antwort:
Die Meditation auf den inneren Ton ist die zweite Meditationspraxis neben der Lichtmeditation, welche die Lehrer der «Wissenschaft der Spiritualität» lehren. Dabei lauschen wir auf den inneren Tonstrom. Dieser göttliche Tonstrom hat die Kraft, die Seele anzuziehen, sie sozusagen zu «magnetisieren» und sie über das Körperbewußtsein in die jenseitigen Regionen hinaufzuziehen. Dann kann sie mit dem Tonstrom in die inneren Reiche reisen. Obwohl wir es Tonstrom nennen, handelt es sich tatsächlich um einen einzigen Strom von Licht und Ton, der uns in die höheren Regionen zieht.

Frage:
Was ist Wesen und Zweck des Satsangs?

Satsang

Antwort:
Der Begriff «Satsang» bedeutet wörtlich «Versammlung zur Wahrheit». *Sang* heißt Versammlung, und *Sat* bedeutet Wahrheit. Satsang ist ein Treffen, bei dem man etwas über Gott und die Seele erfährt. Es ist ein Treffen, bei der Menschen die Meditation kennenlernen können und zusammen meditieren, damit sie Selbstverwirklichung und Gotteserfahrung erlangen.

Frage:
Was ist das spirituelle Tagebuch?

Antwort:
Dieses Tagebuch ist eine Hilfe, damit wir die Faktoren erkennen, die unserem spirituellen Fortschritt im Wege stehen. An jedem Abend lassen wir vor dem Schlafengehen unsere Gedanken, Worte und Taten des Tages Revue passieren. Im spirituellen Tagebuch werden verschiedene Tugenden aufgezählt. Wir überlegen uns nun, wie sehr wir selbst diese Tugenden am vergangenen Tag verwirklicht haben. Wir tragen auch die Zeit ein, die wir täglich für die Meditation und den selbstlosen Dienst einbringen. Die Absicht dahinter ist, daß wir jeden Tag versuchen, mehr Zeit für Meditation und selbstlosen Dienst einzusetzen.

Obwohl empfohlen wird, daß wir 10% unserer Zeit dafür einsetzen – das sind etwa 2,5 Stunden –, ist das doch das Minimum, das wir für unseren spirituellen Fortschritt einsetzen sollten. Je mehr Zeit wir dafür aufbringen, desto besser.

Auf der Rückseite des spirituellen Tagebuchs tragen wir ein, was wir während der täglichen Meditationen sehen und hören. Damit haben wir eine persönliche Aufzeichnung über den Fortschritt auf unserer inneren Reise und gleichzeitig einen Spiegel, um die Tugenden zu erkennen, die wir entwickeln müssen, um voranzukommen.

Frage:
Ist mit dem Essen und Trinken irgendein Karma verbunden?

Antwort:
Spiritualität hat auch etwas mit der Entwicklung von Tugenden im Alltag zu tun, wie oben schon erwähnt wurde. Wenn wir Nahrung zu uns nehmen, für die irgendeines der Geschöpfe Gottes getötet wurde – wie es geschieht, wenn wir Fleisch, Fisch, Geflügel oder Eier essen –, schaffen wir Karma, das wir abzahlen müssen. Wenn wir einer Kreatur das Leben nehmen oder als Konsument einen anderen an unserer statt ein Geschöpf töten lassen, dann verstoßen wir gegen Gebot und Tugend der Gewaltlosigkeit.

Deshalb haben sich viele Menschen entschieden, eine rein vegetarische Ernährung einzuhalten, bei der sie Fleisch, Fisch, Geflügel und Eier vermeiden. Mit einer rein vegetarischen Ernährung verursachen wir das geringstmögliche Karma.

Da wir etwas essen müssen, um zu überleben, sollten wir das zu uns nehmen, was die geringste karmische Last bewirkt: Früchte, Gemüse, Salate, Bohnen, Nüsse und Milchprodukte, zu deren Gewinnung kein Tier getötet wird.

Alkohol
Drogen

Was Getränke angeht, so nehmen Menschen, die am spirituellen Fortschritt interessiert sind, keinen Alkohol zu sich. Sie vermeiden auch halluzinogene und berauschende Drogen, weil diese das Bewußtsein trüben und herabziehen. Wir bemühen uns darum, bewußter zu werden; Alkohol und derartige Drogen erniedrigen aber unser Bewußtsein und würden damit dem Sinn unserer Meditationen widersprechen.

Menschen unter dem Einfluß von Drogen oder Alkohol verhalten sich oft auch auf eine Weise, die sie selbst und andere gefährdet bzw. verletzt, was wiederum Karma auslöst, das bezahlt werden muß.

Frage:
Welche Unterschiede gibt es zwischen östlicher und westlicher Meditation?

Antwort:
Westliche und östliche Meditationstechniken haben ähnliche Ziele, wenngleich sich ihre Methoden voneinander unterscheiden können. Heutzutage, wo die weltweite Kommunikation und Reisetätigkeit den Globus viel kleiner gemacht haben, können wir keine grundlegende Unterscheidung mehr zwischen Ost und West treffen. Es gibt eine solch intensive gegenseitige Durchdringung der Kulturen, daß die Trennlinien zwischen Ost und West nicht mehr klar gezogen werden können. Heute praktizieren Menschen im Osten Meditationstechniken, die aus dem Westen stammen, und umgekehrt.

Osten und Westen

Das Ziel jeder Meditation besteht darin, die eigene Aufmerksamkeit nach innen zu wenden, um das eigene wahre Selbst zu entdecken und Spiritualität zu erforschen.

Frage:
Worin liegt der Sinn, bei einem spirituellen Meister zu lernen?

Antwort:
In jedem Bereich des Lebens stellen wir fest, daß wir leichter lernen und besser vorankommen, wenn wir einen Lehrer haben. Wir haben Lehrer von der Grundschule bis zur Universität. Ein Lehrer kann uns helfen zu erkennen, was wichtig ist, er stellt sich auf unsere Ebene ein und kann unsere Fragen beantworten. Wir haben Lehrer im Sport, in der Kunst, an den Berufsschulen und in allen anderen Bereichen.

Wenn wir einen Lehrer als hilfreich betrachten, wenn es um unsere intellektuelle oder kulturelle Entwicklung geht, warum würden wir dann einen spirituellen Lehrer als weniger wichtig oder wertvoll ansehen, wenn es darum geht, daß wir zu meditieren und uns spirituell zu entwickeln lernen. Ein spiritueller Lehrer kann uns die Meditation zeigen und beibringen, uns helfen, die richtige Meditationstechnik zu entwickeln und unsere Fragen beantworten.

_{Meditationslehrer}

Frage:
Wie können wir den richtigen spirituellen Meister für uns erkennen?

Antwort:
Das ist eine sehr persönliche Angelegenheit. Zuerst sollten wir darüber nachdenken, was unser Ziel ist. Dann müssen wir uns darüber informieren, mit welcher Methode wir dieses Ziel erreichen können. Wenn wir diese beide Schritte gemacht haben, dann können wir nach einem Lehrer suchen, der kompetent ist, uns zu helfen, unser Ziel zu erreichen.

_{Kompetenz}

Es ist genauso wie in der äußeren Welt. Wenn wir Neurochirurg werden wollen, werden wir bei dem besten Neurochirurgen studieren, der uns in dieser Wissenschaft unterrichten kann. Wenn wir Künstler einer bestimmten Richtung werden wollen, suchen wir nach einem geeigneten Lehrer für die gewählte Kunstrichtung. So müssen wir uns erst entscheiden, welches spirituelle Ziel wir anstreben, und dann einen Lehrer suchen, der die richtige Methode praktiziert und lehrt, damit wir das gewählte Ziel erreichen.

Manche Menschen werden andere fragen, welche Erfahrungen und Erfolge sie mit einem bestimmten Lehrer haben. Andere werden sich entscheiden, Methoden, die von einem bestimmten Lehrer unterrichtet werden, selbst auszuprobieren, um festzustellen, ob sie die gewünschten Ergebnisse erzielen.

Wenn wir mit dem Licht und Ton Gottes verbunden sein möchten, dann brauchen wir jemanden, der diese Methode lehrt. Anfangs wissen wir nicht, ob der Lehrer kompetent ist. Wenn wir aber die Meditationsmethode, die der Lehrer unterrichtet, selbst ausüben, wenn wir ein Startkapital erhalten und das Licht Gottes im Inneren sehen und den Ton Gottes im Inneren hören, dann können wir uns davon überzeugen, daß der Lehrer kompetent war, uns diese Erfahrung zu eröffnen.

Startkapital

Dann wissen wir, daß wir selbst einen Beweis erhalten haben. Das motiviert uns dann, mit dieser Meditationsmethode fortzufahren und so mehr und mehr Fortschritte in der spirituellen Entwicklung zu machen.

Frage:
Worin liegt die Bedeutung der Initiation durch einen spirituellen Meister?

Antwort:
Die Initiation ist ein Vorgang, bei dem der spirituelle Lehrer dem Schüler hilft, mit dem Licht und Ton verbunden zu werden, das bereits in ihm bzw. ihr existiert. Bei der Initiation erlernt man die Meditationspraktiken auf das innere Licht und den inneren Tonstrom, damit man seine Aufmerksamkeit zum Augenchakra, dem Sitz der Seele, zurückziehen kann. Dort sieht man dann das innere Licht, hört den inneren Ton und erhebt sich auf diesem Strom in die höheren, spirituellen Regionen.

Initiation

Frage:
Wie lange dauert es, bevor eine Seele, wenn sie den Körper verlassen hat, in einem anderen Körper inkarniert?

Antwort:
Es gibt keine allgemein gültige Regel dafür. Die Reise jeder Seele ist anders, und man kann hier nichts verallgemeinern, indem man eine bestimmte Zeitspanne nennt.

Die wichtigere Frage, die wir Menschen uns stellen sollten, lautet: Wie kann ich mich in diesem Leben spirituell so weiterentwickeln, daß die Seele gar nicht in einem weiteren Körper inkarnieren muß, sondern sich statt dessen für immer an der Wonne, der Glückseligkeit und dem ewigen Frieden in der höchsten spirituellen Region, im Schoße Gottes, erfreut?

Nicht mehr inkarnieren

Wenn wir uns auf die Beantwortung dieser Frage konzentrieren, wird das geeigneter für unseren Fortschritt sein und uns wirklich weiterhelfen.

Frage:
Was ist die Beziehung zwischen Spiritualität und Umweltbewußtsein?

Antwort:
Spiritualität befaßt sich mit den Fragen des Geistes, der Seele und Gottes und wie sich die Seele wieder mit Gott verbinden kann. Umweltbewußtsein beschäftigt sich mit den physikalischen Aspekten der äußeren Welt und dem Zustand unserer Erde. Und doch gibt es eine Beziehung zwischen beiden: Damit unsere Seele Gott erkennen kann, müssen wir Liebe für alle entwickeln. Alles Leben wurde von Gott geschaffen, und alle Geschöpfe auf dieser Erde sind seine Kinder. Wir müssen nicht nur menschliche Wesen lieben, sondern Säugetiere, Vögel, Reptilien und Fische. Sie zu lieben heißt, sich um sie zu kümmern.

Umweltschutz

Die Sorge für die Umwelt ist ein Ausdruck von Liebe. Wir sollten sicherstellen, daß wir keine lebende Kreatur schädigen. Wenn wir uns nicht um unsere Umwelt kümmern, die Erde verschmutzen und ihre Ressourcen plündern und zerstören, zerstören wir damit auch genau die Lebensgrundlagen, die alle anderen Geschöpfe brauchen, um zu überleben. Wir zerstören dann die Ressourcen kommender Generationen.

Umweltschutz ist ein Teil praktizierter Liebe und ein Dienst an Mitmenschen und Mitgeschöpfen. Spiritualität ist mehr als nur Meditation: Sie besteht darin, ein ethisches Leben zu führen, in dem wir uns um andere liebevoll kümmern. Wahre Spiritualität mißt sich an unserem Verhalten in dieser Welt – wie wir mit der Schöpfung Gottes umgehen und seine Geschöpfe behandeln – und an unserem inneren spirituellen Fortschritt.

Frage:
Wie hilft uns Demut auf dem spirituellen Weg?

Antwort:

<small>Demut</small>

Demut heißt, ohne Ego zu sein, ohne Ichverhaftung. Demütig zu sein bedeutet zu erkennen, daß alles, was wir sind, und alles, was wir haben, ein Geschenk von Gott ist. Wir erkennen, daß alle Errungenschaften wie Besitz, Stand, Einfluß, Verstand, Schönheit und so fort Segnungen von Gott darstellen. Wenn wir diese Einstellung hegen, dann zeigen wir Dankbarkeit. Wenn wir Gott für die Gaben dankbar sind, die uns gegeben sind, dann erkennen wir an, daß es eine höhere Kraft gibt.

Wenn wir glauben, daß wir selbst für unsere Fähigkeiten und Errungenschaften verantwortlich wären, erkennen wir Gott nicht an.

Um spirituell fortzuschreiten, müssen wir die höhere Kraft erkennen. Und wir müssen uns dieser Kraft zuwenden, um ihre Gnade und ihren Segen zu erhalten, zu ihr zurückzukehren. Wenn wir Demut entwickeln, erkennen wir dadurch die Existenz dieser Kraft an und wenden uns ihr mit der Bitte um Hilfe zu – ob wir diese Kraft nun Gott oder anders nennen.

<small>1000 Schritte</small>

Es heißt, daß, wenn wir einen Schritt auf Gott zugehen, Gott tausend Schritte auf uns zugeht. Wenn wir aufrichtig zu Gott beten, in aller Demut, und um die Gnade bitten, unser Selbst zu erkennen und Gott zu erkennen, wird uns Gott mit Sicherheit antworten.

Er wird uns die Hilfe senden, die notwendig ist, um in unsere wahre Heimat zurückzukehren und ewige Wonne, Liebe und Frieden zu erfahren.

Frage:
Was ist aktive Liebe?

Antwort:
Der Begriff «aktive Liebe» bezieht sich auf die Tatsache, daß wir durch unsere spirituelle Entwicklung einen positiven Beitrag für unsere Familien, unsere Gemeinschaften und die ganze Welt leisten. «Aktive Liebe» ist ein anderer Ausdruck für «positive Mystik». Wir isolieren uns auf diesem Weg nicht 24 Stunden lang von der Welt und sitzen nur in Meditation. Vielmehr verbringen wir einen Teil unserer Zeit in Meditation, und den Rest der Zeit erfüllen wir unsere Verantwortlichkeiten in der Welt.

Aktive Liebe bedeutet auch, daß wir – als Folge unserer Liebe zu Gott – Liebe für den Nächsten entwickeln und für die gesamte Schöpfung. Diese Liebe findet ihren Ausdruck darin, daß wir anderen helfen, uns mit ihnen austauschen und zusammenarbeiten und anderen Menschen selbstlos dienen.

Liebe deinen Nächsten

10

Wer bin ich?

Was ist die Seele?

Was ist der wahre Sinn des Lebens?

Am 22. Januar 1997 gab Rajinder Singh im Gespräch im Palmengarten in Frankfurt Antworten auf die uralte Frage «Wer bin ich?» Mit dieser Ansprache ermunterte er die bald tausend Zuhörer, ihre eigene innere Kraft zu entdecken und voller Freude und Optimismus durch das Erdenleben zu gehen.

Wieder einmal habe ich die große Freude, mit euch hier in Frankfurt zusammenzutreffen, und ich wünsche jedem einzelnen von euch ein sehr, sehr glückliches Neues Jahr!
Wie die meisten von euch wissen, hatten wir eine wundervolle Möglichkeit, mit vielen von euch Weihnachten zu verbringen. Nun sind wir am Jahreswechsel, und ich möchte allen ein sehr friedvolles, ein sehr harmonisches und ein sehr liebevolles Jahr wünschen und, daß ihr ein sehr spirituell geladenes Leben führt.

Was ist spirituelle Entwicklung?

Um auf dem spirituellen Pfad vorwärts zu kommen, ist es wichtig zu verstehen, was spirituelles Wachstum, spirituelle Entwicklung, eigentlich bedeutet. Wenn wir den spirituellen Pfad gehen, entwickeln wir unseren Geist, unser wahres Selbst. In unserem Leben in dieser Welt ist es von Bedeutung, den Sinn unseres Daseins zu erkennen.

<small>Fortschritt</small>

Die meisten Menschen gehen durchs Leben, ohne den wahren Sinn des Lebens zu erkennen, ohne zu erkennen, wer sie sind. Die Voraussetzung dazu, um dies erfahren zu können, ist, daß wir uns spirituell entwickeln.

Wenn wir versuchen zu verstehen, wer wir sind, so erklären uns alle großen Heiligen und Mystiker, daß wir nicht der physische Körper sind, sondern die Seele oder der Geist, der sich hinter diesem Körper verbirgt und ihm das Leben gibt.

Wie ihr wißt, ist es sehr einfach, den physischen Körper zu sehen, wahrzunehmen, zu fühlen, zu hören. Wenn wir in dieser Welt leben, haben wir also eine gute Vorstellung über die Beschaffenheit unseres Körpers.

Doch was ist die Seele? Wie können wir sie erkennen? Was sind die Eigenschaften der Seele? Mit diesen Fragen können wir gewöhnlich nichts anfangen.

<small>Was ist die Seele?</small>

Könnten wir die Eigenschaften der Seele verstehen, würden wir auch erkennen, wer wir wirklich sind.

Die großen Heiligen und Mystiker aller Zeiten haben stets in ihren eigenen Worten erklärt, was die Seele oder der Geist eigentlich ist.

Was sind die Eigenschaften der Seele?

Furchtlosigkeit

Eine der ersten Eigenschaften der Seele, über die die Heiligen sprechen, ist die *Furchtlosigkeit*. Die Seele kennt keine Furcht. Wenn wir dies verstehen wollen, erkennen wir, daß die Seele absolut wahrhaftig ist, völlig bewußt und somit keine Angst hat.

Furcht entsteht im Menschen aus Zweifeln, oder weil wir etwas falsch gemacht haben und es zu verbergen suchen, oder weil wir schwach sind, oder weil wir die Wahrheit nicht erkennen können. Aber unsere Seele als völlig bewußte Wesenheit, als Teil Gottes, ist ohne jegliche Furcht.

In unserem Leben haben wir aber vor vielem Angst. Als Schüler haben wir Angst vor Prüfungen. Als Eltern haben wir Angst, daß es unserem Kind gesundheitlich nicht gut geht oder daß es nicht zu einem guten Menschen heranwächst. Als Kinder haben wir Angst, daß unsere Eltern vielleicht nicht lange genug leben, um uns zu erhalten. Im Geschäftsleben haben wir Angst, daß uns die Konkurrenz überholt.

Wir können also feststellen, daß jeder von uns wegen irgendeines Aspektes im Leben Angst hat. Doch hinter all dieser Furcht steckt die Angst, die im Herzen eines jeden liegt: die Angst vor dem Tod. Wir alle wissen, daß wir eines Tages sterben müssen, und halten dies für das Ende unserer Existenz. Und diese Furcht vereinnahmt uns stets auf irgendeine Art und Weise.

Nur der Körper stirbt

Die großen Heiligen erklären uns aber, daß nur der physische Körper aus Materie stirbt. Er vergeht, verfällt und wird schließlich zerstört, weil er aus Materie besteht. Doch unser wahres Selbst, die Seele oder der Geist, ist ewig.

Die Seele lebt ewig

Dieses Selbst besteht immer. Was wir in dieser Welt als Tod bezeichnen, ist nur der körperliche Tod. Für die Seele ist der Tod nur das Wechseln eines Gewandes. Wir müssen also verstehen, daß unsere Seele für alle Zeiten existiert. Sie war am Anfang, sie ist jetzt und sie wird immer sein. Guru Nanak hat dazu folgendes gesagt:

> *Die Seele war von Anfang an wirklich,*
> *sie wird am Ende wirklich sein,*
> *sie wird immer wirklich sein,*
> *sie wird ewig leben.*

Haben wir Angst?

Die Sorge, daß unsere Seele einmal nicht mehr existieren würde, braucht es daher nicht zu geben. Auf unserer spirituellen Reise müssen wir erkennen, daß wir ewig sind, daß unser Geist ewig ist. Wir brauchen dann keine Angst mehr vor dem Tod oder vor irgend etwas anderem im Leben zu haben. Ewiger Geist

Große Heilige und Mystiker zeigen uns durch ihr eigenes Vorbild, durch ihr Leben, durch ihre Aussprüche, durch ihre Dichtung, wie wir leben sollen, um uns spirituell zu entwickeln. Sant Darshan Singh drückte dies in einem Vers folgendermaßen aus:

> *Was bedeutet es schon,*
> *wenn man mich einen Menschen nennt?*
> *In Wahrheit bin ich der Liebe Inbegriff,*
> *diese Welt ist meine Heimat*
> *und das ganze Universum ist mein Vaterland.*

Wer hat Grenzen geschaffen?

Die großen Heiligen und Mystiker wollen uns verständlich machen, daß wir in Wahrheit ein Teil Gottes sind. Wir sind in Wahrheit Seele, wir sind Geist, wir sind bewußt, wir sind voll von der Liebe Gottes. Grenzen

Wir als Menschen schaffen Trennungen, wir als Menschen teilen. Wenn wir in einem bestimmten Teil eines Landes geboren sind, so sagen wir, ich bin Bürger dieses Landes. Gott erschuf keine Länder, wir Menschen haben sie geschaffen. Wenn wir in eine bestimmte Religion hineingeboren wurden, sagen wir, ich bin ein Anhänger dieser oder jener Religion. Auch die Religionen wurden von Menschen geschaffen. Wenn wir die Sitten und Gebräuche unseres Heimatlandes lernen, beginnen wir, auf eine bestimmte Art und Weise zu leben.

Die grenzenlose Seele

So haben wir uns selbst Grenzen gesetzt und begrenzen uns in der Folge selbst. *Doch unsere Seele ist grenzenlos*, sie ist ein Teil Gottes, des Schöpfers. Um uns selbst wirklich verstehen zu können, müssen wir erkennen, daß alle Trennungen, die die Menschen geschaffen haben, wie Mauern sind, die unser wahres Selbst umgeben, Mauern, die uns von der Wahrheit abhalten, Mauern, die wir wieder niederreißen müssen, um uns selbst wirklich zu erkennen.

Wie finden wir Liebe?

Eine weitere Eigenschaft der Seele liegt darin, daß sie voller *Glückseligkeit* ist. In ihrem ursprünglichen Zustand, in ihrem wahren Zustand kennt die Seele keine Eifersucht, keinen Schmerz, kein Leid, nichts, was ihr Sorgen bereiten würde. Um die Seele zu verstehen, müssen wir erkennen, daß die uns angeborene Eigenschaft ein Zustand der Glückseligkeit und Freude ist.

Glückseligkeit

Wir als Teil Gottes sind erfüllt von der Liebe Gottes. Gott ist ein Ozean aller Liebe, unsere Seele, die vom selben Wesen ist wie Gott, ist ebenfalls Liebe, und die großen Heiligen sagen, daß der Weg zurück zu Gott auch nur über die Liebe führt.

Da wir mit göttlicher Liebe erfüllt sind, ist die Seele immer glückselig, immer glücklich und froh. In ihrem ursprünglichen Zustand ist sie sehr weit entfernt von Sorgen, Haß, Eifersucht und allen Aktivitäten und Gefühlen, die Kummer bereiten. Dies ist für uns sehr schwer zu verstehen.

Wie können wir Leid überwinden?

Wir Menschen sind ständig gefangen in Sorgen, Schmerzen, Haß, Eifersüchteleien, in Streitereien wegen kleiner Dinge. Betrachten wir unser Leben, so erinnern wir uns an mehr Augenblicke der Sorgen und Schmerzen als an Augenblicke des Glücks.

Somit erhebt sich die Frage, warum wir leiden, wenn doch der Zustand unserer Seele reine Glückseligkeit ist. Guru Nanak beschreibt den menschlichen Zustand, wenn er sagt: «O Nanak, die ganze Welt ist voller Sorgen.» Sant Kirpal Singh führte diese Zeile weiter mit den Worten: «Nur die sind wirklich glücklich, die mit Naam, mit dem heiligen Wort verbunden sind, dem göttlichen Licht und Klang, der himmlischen Musik.»

Da wir in unserem Leben so weit vom göttlichen Nektar entfernt sind, der stets vom Schöpfer ausströmt, sind wir uns unseres wahren Zustandes nicht bewußt. Der Grund für unser Leid liegt darin, daß wir auf der Ebene der Sinne leben. Wir leben in einem Traum, in einer Welt der Illusion, die sehr weit von der Wahrheit entfernt ist.   Ursache von Leid

Und wie uns in einem Traum alles solange als wirklich erscheint, bis wir aufwachen, so erscheint uns auch das Leben in dieser Welt real.

Die großen Heiligen erklären, daß unser Leben hier mit dem Zustand von Dornröschen verglichen werden kann. Die Prinzessin schlief, bis ein Prinz kam und sie aus ihrem langen Schlummer weckte. Auch wir schlafen. Und daher sagen alle Heiligen und Mystiker, daß wir die Hilfe eines vollkommenen lebenden Meisters brauchen, um für die Welt der Realität erwachen zu können, um aus unserem Traumzustand aufzuwachen, um uns   Aufwachen
mit dem Göttlichen zu verbinden und uns selbst als Licht, als Geist, als Seele, zu erkennen.

Wenn wir unseren Zustand der Glückseligkeit entdecken wollen, ist es sehr wichtig, daß wir uns in der wahren Wirklichkeit erfahren. Doch dies ist erst dann möglich, wenn wir uns über das körperliche Bewußtsein erheben.

Wer bin ich?

Maya

Solange wir auf der Ebene der Sinne leben, auf der Ebene unseres physischen Körpers und unserer mentalen Fähigkeiten, werden wir uns immer in einer Welt der Täuschung befinden.

Um also unseren wahren Zustand zu entdecken, müssen wir unsere Aufmerksamkeit von der äußeren Welt zurückziehen, von der Welt der Illusion, von Maya, und sie in uns konzentrieren. *Das Schatzhaus der Göttlichkeit* befindet sich in jedem einzelnen von uns. Wir brauchen nur nach innen zu gehen.

Wenn wir unsere Aufmerksamkeit in uns konzentrieren, wenn wir die Sinnesströme am Sitz der Seele sammeln, der sich hinter und zwischen den beiden Augenbrauen befindet, können wir uns selbst als Licht, als wahres, reines Bewußtsein erfahren, als Quelle der Glückseligkeit, der Freude, Liebe und des Glücks.

Jenseits von Zeit und Raum

Eine weitere Eigenschaft unserer Seele besteht darin, daß sie *jenseits von Zeit und Raum* existiert. Alles, was wir in dieser Welt sehen, ist mit der Zeit verknüpft. Das schöne Gebäude, in dem wir uns hier befinden, hat nur ein begrenztes Dasein, die Pflanzen, die hier wachsen, haben ein begrenztes Leben. Das Leben der Menschen ist begrenzt, genauso wie das Leben der Tiere und aller Lebewesen sowie von allem, was von Menschenhand erschaffen wurde.

Wir leben also in einer Welt der Zeit. Alle Objekte hier sind an eine bestimmte Zeitspanne gebunden. Wir sind daran gewöhnt und erfahren es in unserem täglichen Leben immer wieder.

Doch unsere Seele ist nicht von dieser Welt. Die Seele ist von Gott, sie ist jenseits von allem, was wir in dieser Welt erfahren können. Ihre Existenz liegt daher auch jenseits der Zeit. Um aber dies zu erkennen, müssen wir uns über Zeit und Raum erheben, indem wir nach innen gehen.

Große Heilige haben daher oftmals betont, daß ein einziger Augenblick der Glückseligkeit länger währt als die Ewigkeit. Dies ist nur schwer zu verstehen. Es bedeutet, daß wir diesen Zustand der Glückseligkeit und Freude erlangen müssen, der bei weitem alles übersteigt, was der Zeit unterliegt und durch den Raum begrenzt ist.

Was ist Zeit?

Alles, was auf Zeit beruht, ist begrenzt, denn die Zeit selbst ist begrenzt. Es gibt Sekunden, Minuten, Stunden, Tage, Wochen, Monate, Jahre, sehr viele Jahre. Aber dennoch ist alles zeitlich begrenzt und unterliegt dem Untergang, wenn die Zeit abgelaufen ist.

Manche Insekten leben nur einige Sekunden lang, andere Lebewesen werden Hunderte von Jahren alt. Genauso ist auch alles, was sich innerhalb des Raumes befindet, begrenzt und kann aus diesem Raum nicht heraus. Doch unsere Seele existiert jenseits von Zeit und Raum. Wenn wir daher nach innen gehen und uns selbst als Geist oder Seele erkennen, erfahren wir auch, daß unsere Seele ewig ist, daß sie immer existiert und daß sie überall ist.

<small>Ewige Existenz</small>

Wer Bücher über Nah-Tod-Erfahrungen gelesen hat, wird wissen, daß man dabei durch Wände gehen kann und Entfernungen von Hunderten von Kilometern in Sekundenschnelle überwinden kann. Unsere Seele ist nämlich nicht durch Zeit und Raum begrenzt. Sie kann gleichzeitig überall sein. Doch diese Erfahrung machen wir erst dann, wenn wir nach innen gehen.

Da unsere Seele also ewig ist und jenseits von Zeit und Raum existiert, kann sie auch niemals zerstört werden. Es ist wichtig, dies zu verstehen.

Woher kommen wir?

Die Seele ist ein Teil Gottes und hat ihre eigene Existenz, während alles andere entsteht und auch wieder vergeht. *Die Seele ist immer*, sie war immer und sie wird auch immer sein. Wir sind ewig. Was unseren Körper angeht, so werden wir als Kind geboren, wachsen heran, sind schließlich erwachsen und kräftig und werden letztendlich im Verlauf der Jahre körperlich wieder schwach.

Doch unsere Seele ist immer da, ist immer voller Kraft, immer voller Stärke, immer voller Leidenschaft und immer voller Liebe. Sie kennt keine Geburt, keinen Tod, kein Wachstum. Sie

<small>Ewige Kraft</small>

Wer bin ich?

Gott immer bei uns

ist ewig, sie war immer, sie wird immer bestehen. Diese Beständigkeit, diese Sicherheit in uns müssen wir verstehen. Wir bewegen uns nicht auf einer Kurve, einmal oben, einmal unten. Wir sind immer oben! Und wir werden es auch immer sein! Wir müssen erkennen, daß die Gotteskraft immer bei uns ist. Leider wissen wir das nicht, und dies ist die Hauptursache für viele unserer Leiden.

Was ist die Kraft der Seele?

Eine weitere Eigenschaft der Seele ist, daß sie *von sich aus voller Kraft* ist. Sie braucht nichts, was ihr Kraft gibt. Wenn wir unser Leben in dieser Welt betrachten, stellen wir fest, daß wir hier nur leben können, weil die Seele unserem Körper die Kraft dazu gibt. Solange sich die Seele im Körper befindet, leben wir. Wir können sehen, hören, sprechen, gehen, riechen, schmecken, fühlen.

Doch sobald die Seele den Körper verläßt, wird der Körper wertlos und kann dann weder sehen noch sprechen noch gehen noch hören. Wir brauchen daher die Kraft der Seele, um leben und wirken zu können. Die Seele besitzt diese Kraft aus sich selbst, denn sie ist voller Kraft.

Wenn wir zum Beispiel eine Lampe betrachten, so leuchtet diese, weil sie Strom erhält. Der Strom kommt von einem Generator in einem Kraftwerk. Und das Kraftwerk hängt ab von der Kraft des Wassers oder von der Kernenergie usw. Alles hängt also immer wieder von etwas anderem ab.

16 Sonnen

Doch unsere Seele hängt von nichts anderem ab. Da sie völlig bewußt ist, trägt sie alle Kraft in sich. *Unsere Seele hat die Kraft von sechzehn äußeren Sonnen.* Ihr könnt euch die Größenordnung vorstellen, wenn ihr euch klar macht, daß eine einzige Sonne unserem Sonnensystem Leben gibt. Alles Licht, alle Kraft, alle Wärme in unserem Sonnensystem entspringt einer Sonne.

Doch unsere Seele hat die Kraft von sechzehn äußeren Sonnen. Sie ist also wirklich mächtig. Aber wir verhalten uns wie Schwächlinge. Wir machen uns Sorgen, daß dies nicht funktioniert, wir sorgen uns, daß jenes nicht funktioniert, wir sorgen uns, daß unser Geschäft nicht gut läuft, wir sorgen uns, daß es unseren Kindern nicht gut geht, wir sorgen uns, daß unsere Eltern krank und älter werden. Doch wir selbst haben eine gewaltige Kraft in uns.

Wenn wir nach innen gehen und diese Kraft erkennen würden, dann würden wir hier ohne Furcht leben, wie es eigentlich sein sollte. Wir sollten erkennen, daß wir ein Teil Gottes sind, Kinder eines Vaters. Wir sollten wie Könige leben, und nicht wie Bettler, denn es ist der göttliche Funke in uns, der uns das Leben verleiht, der unser wahres Selbst ist. Dies müssen wir also erkennen.

Teil Gottes

Die großen Heiligen fordern uns daher auf, uns selbst zu erkennen. Wir sollten erkennen, wer wir wirklich sind. Wir sollten nicht in der Illusion leben, sondern die Realität erkennen. Doch diese Realität können wir nur dann erfahren, wenn wir nach innen gehen.

Wenn wir meditieren und unsere Aufmerksamkeit am Sitz der Seele konzentrieren, sind wir in der Lage, eine spirituelle Reise anzutreten, eine Reise jenseits des Physischen, eine Reise in die spirituellen Regionen, eine Reise, bei der wir wirkliche Glückseligkeit, Freude, Frieden und Liebe erfahren, was wir zuvor niemals kennengelernt haben. Das ist der wahre Grund, warum wir den spirituellen Pfad gehen sollten.

Ich bete zum allmächtigen Gott, jedem einzelnen hier zu helfen, sein wahres Selbst zu erkennen, das Dauerhafte in sich zu erkennen, an der Liebe, Freude und Glückseligkeit teilzuhaben, die unsere wahre Natur sind, und Schritte auf unser Ziel hin zu gehen, auf das Ziel der Selbsterkenntnis und Gotterkenntnis.

Selbsterkenntnis bedeutet, sich selbst auf der Ebene der Seele zu erkennen. Gotterkenntnis bedeutet Vereinigung der Seele mit Gott, dem Schöpfer. Wenn wir also die spirituelle Reise antreten, dann erheben wir uns von dieser physischen Ebene hin zum Göttlichen.

Selbst-Erkenntnis

Liebe auf Schritt und Tritt

Unser Geist, unsere Seele, steigt dabei in die spirituellen Bereiche auf, wo sie «Liebe auf Schritt und Tritt findet», wie es Sant Darshan Singh ausdrückte. Wir sind dann wirklich in der Lage, unser wahres Selbst zu erkennen. Daher ist es mein Gebet, daß wir uns alle wirklich erkennen mögen und eins mit dem Schöpfer werden. Danke sehr.

Anhang

Worterklärungen

Avatar: Verkörperung eines Gottesaspektes (Brahma, Vishnu oder Shiva); kommt aus der Kausalebene und kann bis dorthin führen; Aufgabe ist, mehr Harmonie und Ordnung auf die Erde zu bringen (zur Aufgabe der Meister-Heiligen siehe dort).

Chakra: Feinstoffliches Energiezentrum, das eine Brücke bzw. ein Bindeglied darstellt zwischen dem physischen Körper und dem Astralkörper.

Drittes Auge: Sitz der Seele; identisch mit «Einzelauge», «Einauge», «Ajna-Chakra», Shiv Netra, Daswan Dwar usw.

Gebet: Die Hinwendung an eine höhere Kraft, meistens an Gott; im Gebet spricht der Mensch (laut, leise oder in Gedanken) und richtet sich selbst an ein höheres Wesen; die höchste Form des Gebets ist die Meditation, weil der Mensch dann schweigt und bereit wird, die Antwort Gottes zu empfangen.

Guru: Wörtlich Licht, das die Dunkelheit auflöst; geistiger Lehrer; es gibt, wie im schulischen Bildungswesen auch, verschiedene Grade von Gurus; siehe auch Sat Guru.

Hazur Baba Sawan Singh: Meister-Heiliger der höchsten Ordnung, vollendeter Meister des Licht- und Tonstroms, der von 1911 bis 1948 Surat Shabd Yoga bzw. Sant Mat gelebt und gelehrt hat; Hazur gilt als der Vater der Verbreitung dieses Meditationsweges in den Westen; sein *spiritueller* Nachfolger war Sant Kirpal Singh.

Heiliger: Ein Mensch, der «heil» ist, also ganz ist, der die Göttlichkeit seiner Seele und allen Lebens erkannt hat, der in sich ruht und Ruhe, Frieden und Heilung ausstrahlt.

Initiation: Einweihung, Einführung, Einweisung, Anleitung; Beginn der spirituellen Reise; im Surat Shabd Yoga öffnet der Meister-Heilige das dritte Auge, offenbart das innere schattenlose Licht und öffnet das innere Ohr, offenbart die Musik der Sphären bzw. den inneren Klang; Initiation ist wie die Einschreibung an einer spirituellen Universität – man erhält die Chance, etwas zu lernen, und muß nun auch durch eigenes Bemühen etwas daraus machen.

Inversion: Ein Begriff, der von Sant Darshan Singh geprägt worden ist, um damit die Innenschau, Einkehr, Kontemplation oder spirituelle Meditation zu kennzeichnen; er sprach davon, daß Menschen nicht konvertieren sollten (also zu einem anderen Glauben übertreten sollten), sondern «invertieren», also nach innen gehen sollten, um auf der Ebene der Seele persönlich erfahrbaren Kontakt mit der göttlichen Schöpferkraft zu gewinnen.

Karma: Begriff aus dem Sanskrit, der sowohl Tun, Handeln und Wirken bedeutet, als auch für das Gesetz von Ursache und Wirkung steht; das karmische Gesetz besagt, daß alle Gedanken, Gefühle, Worten und Taten eine Wirkung auslösen, die eines Tages zu dem Wesen bzw. der Seele, welches sie veranlaßt hat, zurückkommt; daraus ergibt sich die Notwendigkeit der Reinkarnation, weil die Wesen immer wieder neue Körper annehmen müssen, um die nicht «erledigten» karmischen Wirkungen zu erfahren; daraus wiederum ergibt sich die Notwendigkeit, einen Weg zu suchen, aus dem Kreislauf des Karmas hinauszugelangen; dazu dient die spirituelle Meditation und die Hilfe und Führung durch einen Meister-Heiligen.

- Sanchit-Karma: Vorratskarma, das sich im Laufe der Äonen angesammelt hat, während die Seele in verschiedenen Körpern Gedanken, Gefühle, Worte und Taten gehabt hat.
- Pralabd-Karma: Der Teil des Karmas, der zu etwa drei Vierteln die Umstände des gegenwärtigen Lebens bestimmt; es heißt, daß die geistige Ausrichtung eines Wesens kurz vor dem Tod seines physischen Körpers maßgeblich bestimmt, welche Teile aus dem Vorratskarma in das Schicksal für seine Form im nächsten Leben gehen.
- Kriyaman-Karma: Das Karma, das Wesen aufgrund ihres Willens im jetzigen Leben neu ansammeln; es wird am Schluß dem Vorratskarma hinzugefügt.

Kal: Negative Kraft; in gewisser Hinsicht mit Luzifer vergleichbar; ein Lichtwesen, das mit Billigung Gottes ein eigenes Reich verwaltet (die irdische, die astrale und die kausale Ebene), nach eigenen Gesetzen (Karma und Reinkarnation), denen sich die Seelen solange beugen müssen, bis sie von einem Meister-Heiligen erweckt und darüber hinaus in die noch höheren rein geistigen Ebenen geführt werden; Kal sollte nicht mit Kali verwechselt werden, letztere ist ein weiblicher Gottesaspekt, der vor allem als schwarze Göttin mit einem Halsband von Totenköpfen und einer roten, spitzen Zunge in der hinduistischen Kosmologie eine Rolle als Zerstörerin spielt.

Licht: Das innere, schattenlose Licht offenbar sich als Kraft der Erleuchtung, Selbsterkenntnis und spirituellen «Rettungsleine», wenn die Seele am geöffneten dritten Auge bewußten Kontakt damit erhält; über die Kraft des Lichtes sagt das Johannesevangelium u.a. «In ihm war das Leben, und das Leben war das Licht der Menschen. Das Licht scheinet in der Finsternis, aber die Finsternis hat's nicht begriffen.»; Licht und Ton (siehe dort) sind die ersten Offenbarungen oder Manifestationen der sich zum Ausdruck bringenden Gotteskraft.

Meditation: Versenkung, Innenschau, Kontemplation, «stilles Gebet»; spirituelle Meditation ist der Weg der Seele zum dritten Auge, das Zurückziehen des Körperbewußtseins und das Überschreiten des Körperbewußtseins, um unter der Führung eines Meister-Heiligen die inneren Welten zu betreten und die Reise zur Heimat der Seele, zu Gott zu machen.

Meister: Ein Mensch, der auf einem bestimmten Gebiet mehr Wissen und Fertigkeiten erworben hat als andere und andere lehren kann; in der Spiritualität ein Mensch, der sein Seelen-Bewußtsein nach Belieben vom Körper und der irdischen Welt lösen und in die höheren geistigen Reiche gehen und andere ebenfalls dorthin führen kann.

Meister-Heiliger: Ein Meister und Heiliger der höchsten Ordnung, dessen Aufgabe darin besteht, suchende Seelen zurück zu Gott zu bringen.

Motorischer Strom: Die körperliche und feinstoffliche Lebenskraft, die Atmung und Blutkreislauf, autonomes Nervensystem und sonstige unwillkürliche Funktionen des Lebens mit Energie versorgt und so aufrechterhält; beruht auf der Prana-Energie, die letztlich aus der Kausalebene kommt; daher auch die Begrenzung von Übungen mit der Prana-Energie (Pranayama, mediale Kräfte usw.), die bestenfalls bis zur Kausalebene führen, nicht aber darüber hinaus.

Mystik: Wörtlich «nach innen schauen»; der praktische Teil aller Religionen, Yogawege und anderen esoterischen Methoden, der auf eigener Erfahrung höherer innerer Wirklichkeiten beruht.

Naam: Anderer Begriff für Wort, Licht und Ton.

Nah-Tod-Erlebnisse: Unwillkürliche Körperaustritte oder Erfahrungen, wobei die Seele das Körperbewußtsein überschreitet, ohne daß die Silberschnur (siehe dort) getrennt wird; bei solchen Nah-Tod-Erlebnissen berichten die Menschen von Lichterfahrungen, Heilserlebnissen und Erweckungs- und Erleuchtungsgeschehnissen, die ihre Sicht des Lebens völlig verändern und sie spirituell werden lassen; solche Nah-Tod-Erfahrungen finden nach Aussagen der Meister-Heiligen gerade an der Schwelle zwischen der irdischen und der astralen Ebene statt – womit ausgesagt wäre, daß, so wunderbar sie sind, höhere Erfahrungen noch sehr viel wunderbarer sind.

Negative Kraft: Siehe Kal.

Neh-Karma: Wörtlich «Nicht-Karma»; löst Karma auf; entsteht durch spirituelle Meditation und vor allem durch Gegenwart, Aufmerksamkeit und Gnade eines Meister-Heiligen.

Positive Kraft: Die Kraft von Licht und Ton, die nicht nach außen geht, in die Welt der Form, Zeit und Relativität, sondern nach innen, in die Heimat der Seele und zu Gott zurück; Licht und Ton in der spirituellen Meditation sind die positiven Kräfte, welche der Seele helfen, zu erwachen und ihren Weg nach innen, oben bzw. zu Gott zu finden.

Reinkarnation: Wiederverkörperung; Lehre von der Seelenwanderung; nicht nur in den indischen Religionen bekannt, sondern auch im mystischen Judentum (Chassidismus) und in einigen Bibelzitaten feststellbar (z.B. wenn Jesus davon spricht, daß Johannes der Täufer der wiedergeborene Prophet Elias gewesen sei).

Sach Khand: Heimat der Seele; fünfte innere Ebene; dort erkennt sich die Seele als göttlichen Ursprungs und strahlt so hell wie sechzehn Sonnen.

Sant Darshan Singh: Meister-Heiliger der höchsten Ordnung, wirkte von 1974 bis 1989; vollendeter Meister des Licht- und Tonstroms; arbeitete als Unterstaatssekretär in der indischen Regierung, erhielt höchste Auszeichnungen für seine mystischen Dichtungen, widmete sein ganzes Leben auf demütigste Weise dem Dienst an allen Mitmenschen.

Sant Kirpal Singh: Meister-Heiliger der höchsten Ordnung, vollendeter Meister des Licht- und Tonstroms; wirkte von 1948 bis 1974; arbeitete an verantwortlicher Stelle in der Finanzverwaltung des indischen Militärs; er widmete sein Leben von Jugend an dem Dienst für die leidende Menschheit und gründete Konferenzen zum Austausch zwischen den Religionen und zur Einheit der Menschen; sein spiritueller Nachfolger war Sant Darshan Singh.

Sant Mat: Heilige Wissenschaft bzw. Pfad der Meister; eine indische Bezeichnung für «Wissenschaft der Spiritualität» bzw. spirituelle Meditation.

Sat Guru: Wörtlich «wahrer Guru»; ein Meister-Heiliger, der die Aufgabe hat, Seelen zu erlösen und zu Gott zu bringen; während Avatare aus der Kausalebene kommen, kommen Sat Gurus mindestens aus Sach Khand, der fünften inneren Ebene, der «Heimat der Seele».

Seele: Göttlicher Kern oder unsterbliches Wesen des Menschen; identisch mit Selbst im geistigen Sinn; die Seele ist der «Autofahrer», während der Körper das Auto ist und Gemüt und Sinne der Motor; die Seele braucht ganz eigene Nahrung und führt ein eigenes Leben, identifiziert sich aber – solange sie «schläft» – mit Körper, Gemüt und Verstand.

Seelenwanderung: Siehe Reinkarnation.

Sensorischer Strom: Die Aufmerksamkeit der Seele, die sich üblicherweise über Gemüt und Sinne mit Objekten der Welt verbindet; meistens ist unsere Aufmerksamkeit in der Welt, sogar im Traum, selten ist sie bei Gott; die Ablösung des sensorischen Stroms, welcher der äußere Aspekt des Seelenbewußtseins ist, von der Welt der Formen und die Ausrichtung dieser geistigen Aufmerksamkeit auf die Wirklichkeit des innerlichen Seelenlebens, auf die spirituellen Dimensionen und die Existenz Gottes in uns werden spirituelle Meditation genannt; sie kann durch die Hilfe eines Meister-Heiligen nach und nach von außen abgezogen und innen «eingepflanzt» werden.

Shabd: Identisch mit Wort, Ton, Naam usw.

Silberschnur: Die feinstoffliche Verbindung zwischen Seele und Körper; während der spirituellen Meditation erhebt sich die Seele über das Körperbewußtsein, ohne daß die Silberschnur verletzt oder zertrennt würde; beim physischen Tod zerreißt sie; mehr zu diesem Thema im Kapitel über die Silberschnur im Buch «Das Geheimnis der Geheimnisse» von Sant Darshan Singh.

Sphärenmusik: Identisch mit Ton, Shabd, Naam und Wort; dieser Begriff wurde von Pythagoras und anderen griechischen Mystikern geprägt, um die innere Erfahrung einer ewigen himmlischen Harmonie und Musik zu beschreiben, welche die Seele zum Ursprung ihrer selbst führt.

Spiritualität: Die praktische Beschäftigung mit den wesentlichen Lebensfragen; der Weg zu Wahrheit und Überwindung von Leid und Tod.

Surat Shabd Yoga: Wörtlich «Vereinigung der Aufmerksamkeit und der Seele mit der Gotteskraft»; einer der häufig gebrauchten Begriffe für die Methode der spirituellen Meditation und die Lehren der Meister-Heiligen.

Ton: Der innere Tonstrom bzw. die Sphärenmusik (siehe dort) ist einer der beiden Ausdrucksformen der formlosen, ungeschaffenen Gotteskraft, wenn sie sich manifestiert; beide, Ton und Licht, können die Seele zu ihrem Ursprung geleiten; der innere göttliche Tonstrom hat umfassend heilende Qualitäten.

Wissenschaft der Spiritualität: Westlicher Name für Sant Mat oder Surat Shabd Yoga; bezeichnet die Tatsache, daß die spirituelle Meditation keine Sache des Glaubens, sondern der eigenen, überprüfbaren Erfahrung ist.

Wort: Begriff, den vor allem das Johannesevangelium verwendet, um den heiligen Geist und den inneren Licht- und Tonstrom zu bezeichnen; identisch mit Naam, Shabd usw.

Zehntes Tor: Drittes Auge (siehe auch dort); durch neun Körpertore geht die Aufmerksamkeit, der «sensorische Strom» nach außen (Augen, Ohren, Nase, Mund, Geschlechts- und Ausscheidungsorgan), nur durch dieses 10. Tor kann die Aufmerksamkeit der Seele nach innen bzw. oben gelangen.

Zum Autor

Rajinder Singh ist Wissenschaftler und Mystiker, Friedensarbeiter und Meditationsmeister. Er wuchs in einer Familie von Heiligen auf: Sant Kirpal Singh und Sant Darshan Singh, die vorlebten, wie man ein liebevolles und verantwortliches Leben in der Welt mit Spiritualität verbinden kann.

Nach einer Ausbildung in Ingenieurwesen und Computerwissenschaften in Indien und den USA arbeitete er viele Jahre an einem bedeutenden amerikanischen Forschungsinstitut. Mit seinem Team erhielt er zahlreiche Auszeichnungen und Patente. Nach dem Fortgang von Sant Darshan Singh wurde er mit der Leitung der «Wissenschaft der Spiritualität» betraut. Diese weltweit tätige Organisation mit über tausend Ortszentren widmet sich der Arbeit für Frieden und Einheit unter den Menschen und der sozialen sowie kulturellen Entwicklung. Grundlage ist eine einfache Meditationsmethode, die dem einzelnen zeigt, wie er Seelenbewußtsein und Gotterfahrung in diesem Leben machen und so auch das Göttliche in allen anderen Lebewesen entdecken kann.

Er war Hauptredner bei zahlreichen internationalen Konferenzen, so beim «Weltparlament der Religionen» 1993 in Chicago, bei der «Weltfriedenskonferenz» in Delhi 1994, bei der Jubiläumsfeier für das 50jährige Bestehen der Vereinten Nationen 1995 in New York, beim «Weltfriedensmarsch» in Delhi 1996. Rajinder Singh ist Präsident der «Weltgemeinschaft der Religionen», er ist Leiter der «Konferenz zur Einheit der Menschen» und der «Konferenz über Mystik». Er erhielt zahlreiche internationale Auszeichnungen für seine Arbeit für den Weltfrieden und für die Verbesserung der Bildungschancen. Er hat zwei Schulen in Indien gegründet und die kolumbianische Regierung in Fragen des Erziehungswesens beraten. Er trifft mit Persönlichkeiten des öffentlichen Lebens zusammen, um die Verständigung unter den Menschen zu fördern, so mit Papst Johannes Paul II. und mit dem Dalai Lama, kürzlich mit dem amerikanischen Präsidenten Bill Clinton und Mitgliedern seiner Regierung, mit dem Generalsekretär der Vereinten Nationen und zahlreichen anderen Persönlichkeiten des öffentlichen Lebens.

Zum Autor

Bei seinen vielen Reisen gibt er unentgeltlich Einweihungen in die spirituelle Meditation.

Rajinder Singh ist verheiratet und hat mit seiner Frau Rita zwei Kinder. Er verdient seinen Lebensunterhalt selbst und nimmt keinerlei Spenden an.

Literaturhinweise

- **Heilende Meditation** – Das Grundlagen- und Praxisbuch über Meditation im Alltag, Rajinder Singh, Urania Verlag, CH-Neuhausen am Rheinfall 1996.
- **Liebe auf Schritt und Tritt** – Reise in die inneren Welten, Darshan Singh, Fischer Verlag, CH-Münsingen/Bern 1991.
- **Das Geheimnis der Geheimnisse**, Spirituelle Vorträge, Darshan Singh, SK Publikationen, Hof 1993.
- **Das Mysterium des Todes** – Was der Tod ist und wie man ihn überwinden kann, Kirpal Singh, Origo Verlag, Bern (nur die Ausgabe in diesem Verlag wird empfohlen).
- **Karma – Das Rad des Lebens**, Kirpal Singh, Origo Verlag, Bern 1983. (Nur die Ausgabe in diesem Verlag wird empfohlen).
- **Beginne den Tag mit Liebe** – Inspiration für jeden Tage: Worte der Meister Hazur, Kirpal, Darshan und Rajinder, Econ Verlag, Düsseldorf.
- **Das Buch der Meister** – Was sind Meister? Warum brauchen wir sie? Wie erkennen wir sie? Wulfing von Rohr, Econ Verlag, Düsseldorf 1997.

Weitere Hinweise zu einzelnen Kapiteln

Zu Kapitel 2:
Im Buchhandel ist ein Videoband erhältlich, auf dem dieses Gespräch sowie Ansprachen vom Dalai Lama und Pir Vilayat Khan sowie kurze Gespräche mit beiden und mit Padre Mizzi enthalten sind. Es ist erhältlich über den Ch. Falk Verlag, Ischl 11, D-83370 Seeon – Germany, Fax. 08667-1417 oder von SK Publikationen Hof, Adresse siehe Anhang.

Zu Kapitel 4:
Der schriftliche (gekürzte) Abdruck kann die Lebendigkeit und Eindringlichkeit, aber auch die englischen Wortspiele leider nicht oder nur sehr unvollständig wiedergeben. Es existiert

jedoch eine Videoaufzeichnung dieser Ansprache. Die Videokassette dieser Ansprache ist über SK Publikationen erhältlich; Adresse siehe weiter unten.

Zu Kapitel 6:
Diese Ansprache ist als Video erhältlich über SK Publikationen.

Adressenhinweise

Hier erfahren Sie mehr über regelmäßige (kostenlose) Meditationstreffen und über Begegnungen mit und Besuche von Sant Rajinder Singh an verschiedenen Orten:

- Indien: Sant Rajinder Singh, Kirpal Ashram, Sant Kirpal Singh Marg, Vijay Nagar, Delhi IND-09

- USA: Science of Spirituality Center, 4 S 175 Naperville Rd, USA-Naperville, Il 60563

- D: Wissenschaft der Spiritualität e.V., Jägerberg 21, D-82335 Berg, Tel. (08151) 50449, Fax 953344

- A: Herbert Wasenegger, Mautner Markhofgasse 13-15/5/3, A-1110 Wien, Tel/Fax (01) 7491871

- CH: Angela Seiler, Tödistraße 20, CH-8002 Zürich, Tel. (01) 2022372, Fax 2022302

- EU: Europazentrum & Meditationszentrum, Schleißheimerstraße 22/24, D-0333 München, Tel. (089) 542120, Fax 54212066

Hier erhalten Sie spirituelle Bücher, Video- und Audiokassetten im Direktvertrieb:

- SK Publikationen, Edgar Kaiser, Ludwigstraße 3, D-95028 Hof/Saale, Tel. (09281)87412, Fax 142663

Glück und Frieden finden

Heilende Meditation ist ein spirituelles Lebenshilfebuch über Bedeutung und Praxis der Meditation. Rajinder Singh zeigt den westlichen Lesern, wie spirituelles Bewußtsein erlangt werden kann. Seine zentrale Botschaft lautet: Glück und Frieden liegen in uns. Erst durch Meditation treten wir in Kontakt mit unserer unsterblichen, vollkommenen Seele, dem Funken Gottes in uns, und finden so inneren und äußeren Frieden. Dies wiederum hilft uns, den Alltag besser zu meistern.

In der Meditation begeben wir uns auf eine innere Reise, die uns verwandelt und heilt. Überwältigende Erfahrungen können uns zuteil werden: transzendente Licht- und Klangerlebnisse, wie sie bedeutende Mystiker aller Religionen beschrieben haben.

Schrittweise werden die Leser in die besondere Technik der Meditation auf das Innere Licht durch Lenkung der Aufmerksamkeit auf das „dritte Auge" eingeführt, einer uralten einfachen Meditationsmethode. Durch Heilende Meditation lernen wir, die natürliche Schönheit der Seele zu entdecken und zu enthalten. Durch Meditation entsteht Frieden, Zufriedenheit und Lebensfreude.

Der Autor des Buches, Rajinder Singh, ist Mystiker und Wissenschaftler. In Anerkennung seines Einsatzes für den Frieden wurde er mit dem Friedensbanner ausgezeichnet.

Rajinder Singh
HEILENDE MEDITATION
180 Seiten, ISBN 3-908644-30-5

„Den Beitrag, den Rajinder Singh hier zu dem von uns allen angestrebten Ziel des Friedens leistet, schätze ich wirklich sehr. Mögen die Leser dieses Buches durch Meditation Frieden in sich selbst entdecken und damit zu mehr Frieden in der Welt beitragen."
(Dalai Lama)

Bahnhofstraße 21 • CH-8212 Neuhausen • Tel 0041 (0)52-6 72 13 25 • Fax 0041 (0)52-6 72 36 52
E-Mail: Urania.Verlag @ Schaffhausen.ch